Tania Quintaneiro
Maria Ligia de Oliveira Barbosa
Márcia Gardênia Monteiro de Oliveira

Um Toque de Clássicos
MARX | DURKHEIM | WEBER

2ª edição revista e atualizada
2ª reimpressão

Belo Horizonte
Editora UFMG
2011

2002 - 2ª ed. rev. e ampl.
2003 - 1ª reimpr.
2007 - 2ª reimpr.
2009 - 2ª ed. rev. e atual.
2010 - 1ª reimpr.
2011 - 2ª reimpr.

Q7u	Quintaneiro, Tania
	    Um toque de clássicos: Marx, Durkheim e Weber / Tania Quintaneiro, Maria Ligia de Oliveira Barbosa, Márcia Gardênia Monteiro de Oliveira. - 2. ed. revista e atualizada. - Belo Horizonte : Editora UFMG, 2009.
	    157 p. - (Aprender)
	
	    Inclui bibliografia.
	    ISBN: 978-85-7041-317-8
	
	    1. Sociologia - Teoria. 2. Sociologia - História. I. Título. II. Barbosa, Maria Ligia de Oliveira. III. Oliveira, Márcia Gardênia Monteiro de. IV. Série.
	
	                                  CDD: 301
	                                  CDU: 316.001.1

Catalogação na publicação: Divisão de Planejamento e Divulgação da Biblioteca Universitária - UFMG

COORDENADORA EDITORIAL: Danivia Wollf
ASSISTÊNCIA EDITORIAL: Eliane Sousa e Euclídia Macedo
EDITORAÇÃO DE TEXTO: Maria do Carmo Leite Ribeiro
REVISÃO DE TEXTO E NORMALIZAÇÃO: Olga M. A. Sousa
PROJETO GRÁFICO ORIGINAL: Glória Campos - *Mangá*
CAPA: Ready Made Multimídia e Comunicação, revista por Cássio Ribeiro
FORMATAÇÃO: Daniel ID Silva
REVISÃO DE PROVAS: Bárbara C. L. Silva e Edilene S. da Cruz
ATUALIZAÇÃO ORTOGRÁFICA: Daniel ID Silva e Karen M. Chequer
PRODUÇÃO GRÁFICA: Warren Marilac

EDITORA UFMG
Av. Antônio Carlos, 6.627
Ala direita da Biblioteca Central – Térreo – Campus Pampulha
31270-901 Belo Horizonte – MG
Tel.: +55 31 3409-4650 | Fax: +55 31 3409-4768
www.editora.ufmg.br | editora@ufmg.br

APRESENTAÇÃO

A primeira edição deste livro, fruto de uma década e meia de trabalho na Universidade Federal de Minas Gerais no campo da teoria sociológica clássica, cumpriu cinco anos. Nesta edição revista e atualizada mantemos o mesmo objetivo: tentar superar aqueles que pensamos ser os principais problemas enfrentados pelos que se iniciam na obra dos três grandes clássicos da sociologia – Marx, Durkheim e Weber. Entre tais obstáculos encontram-se as dificuldades de acesso e compreensão dos textos originais e o alto grau de abstração das interpretações avançadas.

Em face da extensão e da densidade da produção que analisamos, o trabalho que se segue serve fundamentalmente como roteiro para a descoberta desses autores. Não é nossa intenção substituir a leitura dos originais, cuja riqueza somente pode ser conhecida por aqueles que se lançam a essa aventura. Acreditamos também que nosso trabalho facilita ao principiante orientar-se num debate imprescindível à compreensão da temática sociológica contemporânea.

Temos muito a agradecer, na chegada a esse resultado, aos nossos alunos, que apontaram os pontos obscuros à compreensão, e principalmente à leitura atenta de Afonso Henrique Borges e de Antonio Fernando Mitre que procuraram desviar-nos de caminhos equivocados.

O capítulo "Karl Marx" foi produzido por Márcia Gardênia Monteiro de Oliveira e Tania Quintaneiro, o "Émile Durkheim" foi escrito por Tania Quintaneiro, e o "Max Weber" é de autoria de Maria Ligia de Oliveira Barbosa e Tania Quintaneiro. O resultado final, em seu conjunto, é expressão do que logramos desvendar ao final de longas discussões assim como de nossos equívocos e deficiências.

SUMÁRIO

1 KARL MARX

Márcia Gardênia Monteiro de Oliveira
Tania Quintaneiro

2 ÉMILE DURKHEIM

Tania Quintaneiro

3   MAX WEBER

Maria Ligia de Oliveira Barbosa
Tania Quintaneiro

INTRODUÇÃO

A reflexão sobre as origens e a natureza da vida social é quase tão antiga quanto a própria humanidade, mas a Sociologia, como um campo delimitado do saber científico, só emerge em meados do século 19 na Europa. Para melhor entender esse processo, é mister referir-se ao quadro das mudanças econômicas, políticas e sociais ocorridas principalmente a partir do século 16 e às correntes de pensamento que estabeleceram os alicerces da modernidade europeia – o racionalismo, o empirismo e o iluminismo.[1] A marca da Europa moderna foi, sem dúvida, a instabilidade, expressa na forma de crises nos diversos âmbitos da vida material, cultural e moral. Foi no cerne dessas dramáticas turbulências que nasceu a Sociologia enquanto um modo de interpretação chamado a explicar o "caos" até certo ponto assustador em que a sociedade parecia haver-se tornado. Passemos a considerar, brevemente, algumas das dimensões sociais e intelectuais envolvidas nessa trajetória.

Mudanças resultantes da industrialização

As grandes transformações sociais não costumam acontecer de maneira súbita, sendo quase imperceptíveis para aqueles que nelas estão imersos. Mesmo os sistemas filosóficos e científicos inovadores entrelaçam-se a tal ponto com os que os antecedem que é difícil pensar em termos de rupturas radicais. Ainda assim, começara a despontar desde a Renascença a consciência de que uma linha distintiva separava os novos tempos do que veio a se chamar Medievo.[2] Mudanças na organização política e jurídica, nos modos de produzir e de comerciar exerciam um mútuo efeito multiplicador e geravam conflitos ideológicos e políticos de monta.

O avanço do capitalismo como modo de produção dominante na Europa ocidental foi desestruturando, com velocidade e profundidade variadas, tanto os fundamentos da vida material como as crenças e os princípios morais, religiosos, jurídicos e filosóficos em que se sustentava o antigo sistema. Profundos câmbios na estrutura de classes e na ossatura do Estado foram ocorrendo em muitas das sociedades europeias. A dinâmica do desenvolvimento capitalista e as novas forças sociais por ele engendradas provocaram o enfraquecimento ou desaparecimento, mais ou menos rápido, dos estamentos tradicionais – aristocracia e campesinato – e das instituições feudais: servidão, propriedade comunal, organizações corporativas artesanais e comerciais. A partir da segunda metade do século 18, com a primeira revolução industrial e o nascimento do proletariado, cresceram as pressões por uma maior participação política, e a urbanização intensificou-se, recriando uma paisagem social muito distinta da que antes existia. Os céus dos grandes centros industriais começaram a cobrir-se da fumaça despejada pelas chaminés de fábricas que se multiplicavam em ritmo acelerado, aproveitando a considerável oferta de braços proporcionada pela gradual deterioração da propriedade comunal. De fato, esta antiga instituição europeia vinha sendo aos poucos usurpada pelos grandes proprietários e arrendatários de terras, com base nas leis e nas armas. A capitalização e modernização da agricultura provocaram o êxodo de milhares de famílias que, expulsas de seu habitat ancestral, vagavam à procura de trabalho. As cidades, receptoras desses fluxos contínuos, foram crescendo acelerada e desordenadamente. Cenário de feiras periódicas, elas recebiam pequenos produtores locais e mercadores estrangeiros e, sob o manto de sua intensa atividade, albergavam uma população de mendigos, desocupados, ladrões, saltimbancos, piratas de rios e de cais, traficantes e aventureiros em busca de todo tipo de oportunidades. A cidade acenava a todos com a possibilidade de maior liberdade, proteção, ocupação e melhores ganhos, embora para muitos tais promessas não chegassem a cumprir-se. No carregado ambiente urbano, a pobreza, o alcoolismo, os nascimentos ilegítimos, a violência e a promiscuidade tornavam-se notáveis e atingiam os membros mais frágeis do novo sistema, particularmente os que ficavam fora da cobertura das leis e instituições sociais.

A aglomeração, conjugada a outros fatores como as condições sanitárias, tinha outras consequências deletérias sobre a população urbana, especialmente sobre os mais miseráveis. A fome, a falta de esgotos e de água corrente nas casas, o lixo acumulado e as precárias regras de higiene contribuíam para a proliferação de doenças e a intensificação de epidemias que elevavam as taxas de mortalidade da população em geral, e dos pobres, das crianças e parturientes em particular.[3] A *gente decente* banhava-se somente por ordem médica (o banho diário era coisa de nobres e libertinos) e "muitos não tinham ideia se o sabão era ou não comestível".[4] Foi somente no limiar do século 18, com as revoluções industrial e agrícola na Inglaterra, que uma relativa abundância de alimentos juntamente com outros fatores ligados a melhorias na higiene promoveram uma sensível redução das taxas de mortalidade e um correspondente aumento da população. As quedas abruptas, uma constante na pauta demográfica dos períodos anteriores, tornaram-se menos frequentes. Entre 1800-1850, o crescimento populacional da Europa foi de 43%. Alguns países ultrapassaram os 50%. Na França, no início do século 19, a expectativa média de vida subiu a 38 anos, e 7% da população já chegavam aos 60 anos, embora 44% não passassem dos 20.

As condições de trabalho que caracterizam o início da revolução industrial eram assustadoras para os padrões atuais e podem ser responsabilizadas pela baixa expectativa de vida dos operários que labutavam em turnos diários de 12 a 16 horas, ampliados para até 18 horas quando a iluminação a gás tornou-se disponível. Foi em 1833, e somente nas fábricas têxteis da Inglaterra, que crianças entre 9 e 13 anos foram proibidas de trabalhar em jornadas de mais de 9 horas, e as que tinham entre 13 e 16 anos por mais de 12 horas, sendo o turno da noite reservado para que frequentassem a escola.[5]

O salário dos aprendizes era em geral a metade do que se pagava aos operários, o das mulheres a quarta parte, e o das crianças... já se pode imaginar. Além das doenças devidas ao ambiente insalubre, da alimentação deficiente, da falta de aquecimento apropriado, da disciplina nas fábricas e das multas que reduziam ainda mais seus ganhos, os trabalhadores estavam expostos a frequentes acidentes provocados pelo maquinário pesado que mutilava e matava. Muitas revoltas tiveram como alvo as próprias máquinas, destruídas pelos operários enfurecidos, como no chamado movimento ludista. A luta por melhores condições de trabalho, na Europa como na América, foi árdua, e novos direitos foram sendo aos poucos conquistados e acrescentados à legislação social e trabalhista em diversos países.

Mudanças também ocorreram, em distintos graus, na instituição familiar, tanto no que se refere ao status de seus membros segundo sexo e idade, como à natureza das relações pessoais e jurídicas entre eles. Em questões tais como o controle de propriedades por parte das mulheres, a relativa autonomia dos filhos, a abolição do direito de primogenitura houve avanços significativos, dependendo da dinâmica interna das sociedades.

Menos visíveis, mas igualmente profundos foram os desenvolvimentos no universo das relações afetivas. Nas camadas altas e médias das comunidades medievais, onde nome e fortuna eram o binômio que marcava os destinos de homens e mulheres, a escolha de parceiros dependia de critérios estamentais ou refletia interesses políticos ou econômicos familiares.[6] Com o advento da modernidade, certas instituições começaram a se consolidar e a adquirir importância – entre elas o amor romântico, o casamento por escolha

modernidade muda as rue. afetivas

mútua, a estrutura nuclear da família, o reconhecimento da infância e mesmo da adolescência enquanto fases peculiares da vida. A presença de uma nova sensibilidade e de atitudes, comportamentos e valores distintos – como os mimos que passam a ser dedicados às crianças, até então vistas como adultos em miniatura – só se torna conspícua quando se atenta para o longo prazo e, mesmo assim, as práticas anteriores não deixam de ter vigência. De fato, provocaria escândalo nos dias de hoje a indiferença com que frequentemente os pais tratavam as crianças até que elas ultrapassassem o limite de idade que permitia ter esperança em sua sobrevivência.[7] Como na estória de João e Maria, não era incomum que fossem abandonadas por famílias que não tinham meios de criá-las. O infanticídio era secretamente praticado e moralmente admitido. Um sentimento de família mais próximo do que existe nos dias de hoje deve-se também ao aparecimento, nas casas burguesas da Inglaterra, dos espaços privados, claramente diferenciados do lugar do trabalho, embora o proletariado urbano demorasse ainda a alcançar esse benefício.[8]

Entre outras coisas, a industrialização também modificou profundamente a percepção do tempo entre as populações europeias, ajustadas a ritmos naturais em obediência a costumes milenares. Isso se explica porque quanto menos os povos dependem da tecnologia para levar adiante suas atividades produtivas, mais o tempo social é regulado pelos fenômenos da natureza – as estações, as marés, a noite e o dia, o clima. A revolução industrial obriga a um registro mais preciso do tempo na vida social. O empresário passa a comprar horas de trabalho e a exigir seu cumprimento. Os trabalhadores perdem o controle do ritmo produtivo que impõe uma disciplina até então desconhecida.[9] Uma nova moralidade a sustenta desde os púlpitos até que os operários, organizados em associações, começam a rebelar-se contra as exigências excessivas. O esforço para entender as causas e os prováveis desenvolvimentos das novas relações sociais motivou a reflexão que veio a cristalizar-se na Sociologia.

Antecedentes intelectuais da sociologia

Pelo menos até o século 18, a maioria dos campos de conhecimento, hoje enquadrados sob o rótulo de ciências, era ainda, como na Antiguidade Clássica, parte integral dos grandes sistemas filosóficos. A constituição de saberes autônomos, organizados em disciplinas específicas, como a Biologia ou a própria Sociologia, envolverá, de uma forma ou de outra, a progressiva redefinição das questões últimas colocadas tradicionalmente pela reflexão filosófica, como a liberdade e a razão. Consideraremos bre-vemente algumas ideias cujo impacto foi marcante para a configuração das primeiras teorias sociais modernas.

Concomitantemente aos processos de ordem socioeconômica, mudanças culturais contribuirão para suplantar a concepção orgânica, dominante na Antiguidade e no período medieval, substituindo-a por correntes de pensamento de base individualista.[10] A Reforma protestante, iniciada no século 16, foi um momento importante nessa trajetória. Ao contestar a autoridade da Igreja como instância última na interpretação dos textos sagrados e na absolvição dos pecados, a Reforma colocou sobre o fiel essa responsabilidade e, instituindo o livre exame, fez da consciência individual o principal nexo com a divindade. O espírito secular impregnou distintas esferas da atividade humana. Generalizou-se aos poucos a convicção de que o destino dos homens também depende de suas ações. Críticas à educação tradicional nas universidades católicas levaram à substituição do estudo da Teologia pelo da Matemática e da Química.

A crença de que a razão é capaz de captar a dinâmica do mundo material e de que a lei natural, inscrita no coração dos homens, pode ser descoberta espontaneamente vai ganhando força, deteriorando, aos poucos, os velhos princípios de autoridade – entre os quais os mantidos pela Igreja católica. Sobre essa base, torna-se mais fácil compreender a emergência do empirismo, do racionalismo cartesiano[11] e o avanço das ciências experimentais que, no seu conjunto, caracterizarão a era moderna.

Além do impacto das mudanças provocadas pela Revolução Industrial, atribui-se à Revolução Francesa, alentada pelo movimento de ideias da Ilustração, um extraordinário impulso para que o modo sociológico de investigar e interpretar a realidade social se tornasse possível.[12] A confiança na razão e na capacidade de o conhecimento levar a humanidade a um patamar mais alto de progresso, regenerando o mundo através da conquista da natureza e promovendo a felicidade aqui na terra, tornou-se bandeira e símbolo do movimento de crítica cultural que marca o Setecentos, o Século das Luzes – o Iluminismo.[13] É esse movimento de ideias – que alcança seu ponto culminante com a Revolução Francesa e o novo quadro sociopolítico por ela configurado – que terá um impacto decisivo na formação da Sociologia e na definição de seu principal foco: o conflito entre o legado da tradição e as forças da modernidade. A ideia de liberdade passou, então, a conotar emancipação do indivíduo da autoridade social e religiosa, conquista de direitos, e autonomia frente às instituições. A burguesia europeia ilustrada acreditava que a ação racional traria ordem ao mundo, sendo a desordem um mero resultado da ignorância. Educados, o seres humanos seriam bons e iguais. Embora o status da mulher continuasse a ser inferior, começava-se timidamente a pensar, e mesmo a promover, em algumas esferas, a igualdade civil entre os sexos.[14] A ideia de que o progresso era uma lei inevitável que governava as sociedades consolida-se e vem a manifestar toda a sua força no pensamento social do século 19, atuando diretamente sobre os primeiros teóricos da Sociologia. Na busca de explicações sobre a origem, a natureza e os possíveis rumos que tomariam as sociedades em vias de transformação,

13

temas tais como liberdade, moral, leis, direito, obrigações, autoridade e desigualdade ganham destaque e vêm a fazer parte também do elenco de questões que a Sociologia se coloca.

Charles Louis de Secondat, Barão de la Brède e de Montesquieu, conhecido como Montesquieu (1689-1755), foi um filósofo político de grande impacto sobre as ciências sociais, tendo lançado mão do conhecimento histórico e empírico para fundar seus argumentos, distanciando-se, assim, do raciocínio hipotético-dedutivo característico dos contratualistas. Graças ao saber adquirido por meio de suas viagens e leituras, inovou ao propor a assunção de um ponto de vista comparativo no estudo das sociedades e suas instituições, tendo analisado não apenas a trajetória dos povos de tradição cristã-ocidental mas também sociedades orientais, como a turca e a persa. Talvez sua contribuição teórica mais importante refira-se à sua concepção de leis como "relações necessárias que derivam da natureza das coisas".[15] Cabe ao intelecto humano descobri-las. E na medida em que a lei em geral é um princípio de razão, deve-se procurar que as leis positivas, isto é, as leis políticas e civis, atendendo às particularidades do clima, da geografia, da raça e dos costumes de cada povo, sejam harmônicas com essa ordem maior. Este é o espírito das leis. Mas as leis que governam os homens não são sempre obedecidas por estes, sujeitos às paixões, à ignorância e ao erro. Por isso, o mundo inteligente não seria tão bem governado como o físico. Sob esse ponto de vista, a liberdade é entendida como "o direito de fazer tudo quanto as leis permitem; e, se um cidadão pudesse fazer o que elas proíbem, não teria mais liberdade porque os outros teriam idêntico poder".[16] Em síntese, a caracterização da esfera social como um campo diferenciado e a procura das leis que regem seu movimento representam o legado mais importante de Montesquieu à formação do pensamento sociológico.

Partindo da concepção de um *estado de natureza* onde não existiriam desigualdades, e tampouco moralidade, o genebrino Jean-Jacques Rousseau (1712-1778), ao mesmo tempo que prolonga a tradição contratualista do Seiscentos, modifica o conteúdo e o sentido do chamado "pacto social" o qual, ao fazer surgir o poder da lei, legitimou a desigualdade, a injusta distribuição da propriedade e da riqueza, e também a submissão, a violência, os roubos, a usurpação e todo tipo de abusos. O estado civil, além de ser um artifício, um ato de associação ao qual a vontade individual se submete, é o resultado de um processo histórico. E é, precisamente, nessa visão evolucionista e na crítica do processo civilizatório onde haverá de buscar-se a herança mais duradoura que o genebrino legou à Sociologia. No estado primitivo, o homem é, segundo ele, "um ser livre, cujo coração está em paz e o corpo com saúde". Com a formação da sociedade e das leis e o surgimento de governantes, os seres humanos perdem a liberdade e os direitos naturais. Eles passam a fazer parte de um rebanho chamado sociedade onde reina uma uniformidade desprezível e enganosa. A vida civil e a dependência mútuas criam entre eles laços de servidão.

> Embora nesse estado (o ser humano) se prive de muitas vantagens que frui da natureza, ganha outras de igual monta: suas faculdades se exercem e se desenvolvem, suas ideias se alargam, seus sentimentos se enobrecem, toda a sua alma se eleva a tal ponto que, se os abusos dessa nova condição não o degradassem frequentemente a uma condição inferior àquela de onde saiu, deveria, sem cessar, bendizer o instante feliz que dela o arrancou para sempre e fez, de um animal estúpido e limitado, um ser inteligente e um homem.[17]

Entre os benefícios alcançados, o hábito de viver juntos criou nos seres humanos sentimentos doces como o amor conjugal e paterno, não havendo, no início, diferenças entre o modo de viver dos dois sexos. O jugo autoimposto – a fonte dos males – deveu-se ao aumento de comodidades, que acabaram por se tornar indispensáveis. Assim,

> o homem, de livre e independente que antes era, devido a uma multidão de novas necessidades, passou a estar sujeito, por assim dizer, a toda a natureza e, sobretudo, a seus semelhantes dos quais, num certo sentido, se torna escravo, mesmo quando se torna senhor: rico, tem necessidade de seus serviços; pobre, precisa de seu socorro...[18]

Esses males constituem o efeito da propriedade privada, cujo estabelecimento é o primeiro progresso da desigualdade. Numa frase muito conhecida, ele afirma que "o verdadeiro fundador da sociedade" foi aquele que primeiro cercou um terreno e lembrou-se de dizer: "isto é meu", tendo encontrado "pessoas suficientemente simples para acreditá-lo".[19] O gênero humano ficou, então, submetido ao trabalho, à servidão e à miséria, surgiram preconceitos "contrários à razão, à felicidade e à virtude" e, por fim, o despotismo. Assim, "por mais que se admire a sociedade humana, não será menos verdadeiro que ela necessariamente leva os homens a se odiarem entre si à medida que seus interesses se cruzam, a aparentemente se prestarem serviços e realmente a se causarem todos os males imagináveis".[20] No coração de todo homem civilizado está o desejo de ser o rei do universo, diz Rousseau.

O movimento iluminista depositava uma imensa fé na capacidade de a humanidade utilizar-se da razão e assim progredir. Advogar que, utilizando-se da razão, os seres humanos podiam melhorar sua condição levou ao surgimento de um grande interesse por parte de certos setores da sociedade na divulgação de conhecimentos científicos e práticos.[21] Na França, alguns desses pensadores planejaram a elaboração de uma enciclopédia ambiciosa, como um quadro geral dos "esforços da mente humana" para que, por meio do saber, os homens pudessem tornar seus descendentes mais instruídos, logo, mais virtuosos e felizes. Em 1750, Diderot lançou o *Prospectus* através do qual a *Enciclopédia* foi apresentada.[22] No *Discurso preliminar*, publicado em 1751, D'Alembert procura mostrar que, a partir de nossas sensações, damo-nos conta de nossa própria existência e, em seguida, dos objetos exteriores, entre os quais nosso corpo "sujeito a mil necessidades e extremamente sensível à ação dos corpos exteriores". Entre os objetos exteriores, descobrimos seres semelhantes a nós, o que nos faz pensar que possuem as mesmas necessidades e "o mesmo interesse em satisfazê-las" e que, portanto, deve ser vantajoso nos unirmos a eles. Assim, "a comunicação de ideias é o princípio e a base dessa união e exige necessariamente a invenção dos signos; tal é a origem da formação das sociedades com a que as línguas devem ter nascido".[23] Ali se lê que "entre os artesãos se encontram as provas mais admiráveis da sagacidade do espírito e da paciência", qualidades que de fato iriam fazer avançar o conhecimento em outras áreas.[24] Iniciava-se uma era na qual mestres e empresários tornar-se-iam, pouco a pouco, parte da camada social dominante. Foram eles os responsáveis por maravilhosas invenções e descobertas que, "preparadas pelos trabalhos dos séculos precedentes", vinham agora a modificar inexoravelmente a face do planeta.

Uma mostra da vitalidade desse período encontra-se na série de inventos revolucionários como a lançadeira que John Kay construiu, em 1733, e o tear mecânico produzido cinco anos mais tarde por John Wyatt e Lewis Paul que multiplicariam a produtividade da indústria têxtil; os projetos desenvolvidos entre 1761 e 1768 por James Watt que resultaram na máquina a vapor, fazendo surgir em 1813 a primeira locomotiva e, em 1821, o barco a vapor, construído pelo norte-americano Robert Fulton. Terras e mares foram rasgados, encurtando distâncias que pouco tempo antes pareciam incomensuráveis. A guerra também aguçou a criatividade, e a produção bélica teve reflexos importantes na economia. O grande desenvolvimento industrial permitiu o aumento da produção, gerando uma demanda de novos mercados e de matérias-primas. Na esteira desse processo, o comércio internacional se intensificou e, com ele, a expansão colonial na África e na Ásia. Enfim, o novo modo de produzir instalava-se, jogando por terra a sociedade feudal e suas instituições.

Primeiras sociologias:
ordem, caos, contradições, evolução

A Revolução Francesa e seu ideário de liberdade, assim como o individualismo e o anticlericalismo presentes no pensamento iluminista, inspiraram também uma reação profundamente conservadora e de certo modo retrógrada no seio do pensamento social e que se refletiu nas produções francesa e inglesa, especialmente no que diz respeito à preeminência da sociedade sobre o indivíduo, sua criatura, e na crítica às mazelas da sociedade moderna. Entre os principais representantes dos que têm sido chamados "profetas do passado" estão o inglês Edmund Burke (1729-1797) e os franceses Joseph de Maistre (1754-1821) e Louis de Bonald (1754-1840). Em linhas gerais, eles ansiavam por uma sociedade estável, hierarquizada, fundada em valores familiares, religiosos e comunitários, assim como na ordem, na coesão e na autoridade. Esse modelo havia chegado ao clímax nas sociedades medievais, começando a declinar com o Renascimento. A nostalgia de uma vida comunitária e familiar, vista então como idílica, e do processo artesanal de trabalho, ambos destruídos pelo novo modo de produção e pela urbanização descontrolada, traduziram-se em críticas à própria modernidade de que era fruto o homem alienado, anômico, desprovido de virtudes morais e espirituais. Paralelamente a essa rejeição ao moderno, tal corrente glorificava a tradição.

Precursores imediatos da Sociologia, os pensadores conservadores consideram que o caos e a ausência de moralidade e solidariedade que as sociedades nascidas das duas grandes revoluções revelam eram fruto do enfraquecimento das antigas instituições protetoras, como a Igreja e as associações de ofícios, que haviam garantido ou expressado a estabilidade e a coesão social anteriores. Essa percepção impacta fortemente a produção sociológica, especialmente no que se refere aos temas da coesão e da solidariedade. Apesar dessa influência, a Sociologia vem a assumir um caráter decididamente moderno, acreditando no progresso como uma tendência inexorável.

A teoria social avança a passos rápidos na França com a obra de Claude Henri de Rouvroy, conde de Saint-Simon (1760-1825). Ele esteve entre os primeiros a dar-se conta da inutilidade da aristocracia no contexto da nova sociedade que se estava gestando. Um dos fundamentos da análise sociológica de Saint-Simon é, precisamente, a existência de classes sociais dotadas de interesses conflitantes. Segundo ele, os industriais franceses deveriam mandar uma carta ao rei pedindo que ele os livrasse dos ultramonarquistas e bonapartistas dizendo: "Senhor, nós somos as abelhas, livrai-nos dos zangões." Em 1819, publicou a *Parábola* (texto que lhe valeu uma curta estada na prisão), apontando para a nova sociedade onde industriais (proprietários e trabalhadores, as "abelhas") contrastam com a elite ociosa (cerca de 30.000 indivíduos considerados importantes, entre família real, ministros, prelados e outros, os "zangões") a qual, se desaparecesse de uma só vez, não faria falta à nação. Assim, segundo ele,

> a prosperidade da França não pode ser determinada mais que por efeito e como consequência do progresso das ciências, das belas artes e das profissões e ofícios. Mas os marechais da França, os prefeitos e os proprietários ociosos não trabalham em absoluto para o progresso das ciências, não contribuem para tal progresso, antes o freiam, pois estão se esforçando em prolongar o predomínio que até agora vêm exercendo as teorias conjecturais sobre os

conhecimentos positivos... são prejudiciais porque empregam seus meios pecuniários de um modo não diretamente útil para as ciências, as belas artes e as artes e ofícios.[25]

Saint-Simon acreditava no industrialismo como domínio da natureza, sendo a história humana a do trabalho material e espiritual ou do esforço coletivo – que engloba os avanços da ciência. A característica fundamental da sociedade moderna era, para ele como o fora para os iluministas, o progresso. Fazendo eco ao sucesso alcançado pelas ciências naturais, à ciência que tratava de construir chamou de Fisiologia Social. Ela deveria tratar da ação humana incessante, transformadora do meio, e adotar o método positivo das ciências físicas. A sociedade não seria "um simples aglomerado de seres vivos cujas ações, independentes de toda finalidade, não têm outra razão que a arbitrariedade das vontades individuais", mas um verdadeiro ser animado, mais ou menos vigoroso, a cujas partes corresponderiam distintas funções. A base da sociedade é a produção material, a divisão do trabalho e a propriedade. As vidas individuais seriam as engrenagens principais que contribuem para o progresso da civilização. Todas as sociedades possuem ideias comuns, e seus membros gostam de sentir os laços morais que garantem sua união com os demais. A cada tipo de estrutura social corresponde uma moral e, na sociedade industrial, ela se vincula à produção e ao trabalho. Se nas sociedades militares que a antecederam, o poder cabia aos guerreiros, na época da indústria a direção deveria passar à classe industrial, cuja propriedade se origina no trabalho. A força militar estaria fadada a tornar-se completamente inútil, diz ele. O poder teológico seria também substituído pela capacidade científica positiva, e os conhecimentos passariam a se fundar na observação. O corpo social como um todo deveria, então, exercer as funções governamentais, e o Estado, que tenderia a tornar-se uma organização de ociosos, seria substituído pelos interesses espontâneos da produção, sendo absorvido pela sociedade, quando passaria a visar a satisfação de todos os necessitados. Para ele, a luta entre as classes militar ou feudal e a industrial resultaria na vitória desta última e, a partir daí, constituir-se-ia uma sociedade de trabalhadores. Posteriormente, ele modificará sua visão idílica e passará a criticar os patrões que parasitam os operários. Todos deveriam cooperar para a felicidade comum, e os ociosos seriam excluídos, de modo que se aplicasse a divisa: "de cada um segundo suas capacidades e a cada capacidade segundo suas obras". Uma ciência social "positiva" revelaria as leis do desenvolvimento da história, permitindo uma organização racional da sociedade. As ideias saint-simonianas tiveram vigoroso impacto, tanto sobre a obra de Marx e Engels, como sobre a de Durkheim.

Secretário de Saint-Simon por algum tempo, Auguste Comte (1798-1857) foi quem cunhou o termo Sociologia, que logo veio a se generalizar, contribuindo para que alguns o percebessem como o fundador da própria ciência. Ele foi o grande divulgador do método positivo de conhecimento das sociedades, sintetizado num desiderato: "ciência, daí previdência, previdência, daí ação".[26] Tratava-se de conhecer as leis sociais para poder prever racionalmente os fenômenos e agir com eficácia; explicar e antever, combinando a estabilidade e a atividade, as necessidades simultâneas de ordem e progresso – condições fundamentais da civilização moderna. Uma das grandes preocupações de Comte era a crise de sua época, causada, segundo ele, pela desorganização social, moral e de ideias. A solução se encontraria na constituição de uma teoria apropriada – a Sociologia – capaz de extinguir a anarquia científica vigente, origem do mal. Esse seria, precisamente, o momento em que se atingiria o estado positivo, o grau máximo de complexidade da ciência. Para isso, era indispensável aperfeiçoar os métodos de investigação das leis que regem os fenômenos sociais, ou seja, descobrir qual é a ordem contida na história humana, lembrando que o princípio dinâmico do progresso deveria estar subordinado ao princípio estático da ordem.

A chamada "filosofia positiva", segundo Comte, é fundamentalmente um sistema geral do conhecimento humano que se antepõe à "filosofia negativa" com a pretensão de organizar, e não de destruir a sociedade. O movimento crítico do antigo regime em decadência ainda carecia de uma filosofia adequada que fornecesse as bases da regeneração social. O fundamento de tal movimento tinha sido o espírito metafísico, presente na "filosofia negativa" daquele período, e que só poderia cristalizar-se numa política tendente "a continuar a desordem ou um estado equivalente de desgoverno". Para que fosse possível a reorganização social, era necessário reconstruir previamente as opiniões e os costumes por meio da "sistematização dos pensamentos humanos". Esta seria a tarefa do positivismo, composto "de uma filosofia e de uma política... uma constituindo a base, a outra a meta de um mesmo sistema universal".[27]

Comte rejeitava a concepção contratualista de que a sociedade é formada de indivíduos, afirmando que tudo o que é humano além do nível meramente fisiológico deriva da vida social, o que evidencia o predomínio do coletivo. Para o espírito positivo, "o homem propriamente dito não existe, existindo apenas a Humanidade, já que nosso desenvolvimento provém da sociedade, a partir de qualquer perspectiva que se o considere".[28] O individualismo é, portanto, uma construção do pensamento pré-positivo, do espírito teológico-metafísico. Contrariamente às concepções iluministas e racionalistas do direito individual, Comte acreditava que "ninguém possui o direito senão de cumprir sempre o seu dever". A ordem, base das sociedades que alcançam o estado positivo,[29] baseia-se no consenso moral, na autoridade. Por isso, rejeitava a revolução, por promover o progresso às expensas da ordem.

Tanto Comte como Saint-Simon dedicaram-se também a analisar a necessidade da criação de uma religião – de fato uma moralidade consistente que fundamentasse a nova ordem social. Comte escreveu o *Catecismo positivista*, em que a Humanidade vem a substituir Deus, e o altruísmo ocupa o lugar do egoísmo. Do mesmo modo, o *Novo cristianismo* de Saint-Simon seria uma religião sem teologia e sem Deus, dedicada a aplicar os princípios da fraternidade à vida social. Observa-se em ambos os pensadores uma profunda preocupação com a necessidade de uma moral – forte o suficiente para amparar a vida social e gerar uma solidariedade compatível com os novos tempos e capaz de reorganizar as instituições devastadas pelas revoluções, e que viesse a substituir a antiga religiosidade cristã fundada na fé, na superstição e nos privilégios. Parte dessas apreensões sobre a necessidade de uma nova moralidade tiveram seguimento na obra de Émile Durkheim.

Na busca de constituir uma Sociologia científica com objeto e método claramente definidos, muitas hipóteses explicativas da natureza da vida social e das possíveis leis de sua evolução foram propostas, emulando, com frequência, modelos de investigação e demonstração já consagrados – particularmente pelas ciências físicas e naturais. Nessa linha, a teoria evolucionista exerceu profunda atração sobre a Sociologia e a Antropologia, estimulando a utilização de analogias entre a sociedade e os organismos. A sociedade era vista como um sistema vivo, dotado de funções e relações ordenadas, como uma estrutura que unifica seus componentes diferenciados, garantindo a continuidade harmônica do todo em atividade. O inglês Herbert Spencer (1820-1903) foi o sociólogo mais representativo dessa corrente. Ele difundiu o chamado darwinismo social – a teoria do evolucionismo biológico aplicada à compreensão dos fenômenos e, particularmente, das desigualdades sociais, através de conceitos como: evolução, seleção natural, luta, sobrevivência. A lei do progresso orgânico, acreditava Spencer, é a lei de todo progresso, que transforma o simples em complexo por meio de diferenciações sucessivas e da especialização de funções. Isso se ajusta à sociedade, que teria evoluído para o tipo industrial. Para ele, "uma sociedade não é mais do que um nome coletivo empregado para designar certo número de indivíduos. É a permanência das relações existentes entre as partes constitutivas que faz a individualidade de um todo e que a distingue da individualidade das partes."[30] Sendo os indivíduos – unidades elementares – organismos sujeitos às leis biológicas, o arranjo e a distribuição das funções reguladoras da convivência social estariam submetidos às mesmas leis do mundo natural. A sociedade

é um organismo [e] apresenta um crescimento contínuo. À medida que ela cresce, suas partes tornam-se dessemelhantes, sua estrutura fica mais complicada e as partes dessemelhantes assumem funções também dessemelhantes. Essas funções não são somente diferentes: suas diferenças são unidas por via de relações que as tornam possíveis umas pelas outras. A assistência que mutuamente

20

se prestam acarreta uma mútua dependência das partes. Finalmente, as partes, unidas por esse liame de dependência mútua, vivendo uma pela outra e uma para a outra, compõem um agregado constituído segundo o mesmo princípio geral de um organismo individual. A analogia de uma sociedade com um organismo torna-se, ainda, mais surpreendente quando se vê que todo organismo de apreciável volume é uma sociedade...[31]

O modelo de relações que a caracteriza é o contrato, porque os indivíduos procuram associar-se na busca da própria felicidade ou graças ao seu autointeresse, e o tipo de ordem daí resultante é utilitário. Concepções evolucionistas desse tipo continuam a exercer um certo fascínio, dada a simplicidade de seu esquema explicativo.

Em meados do século 19, Karl Marx (1818-1883), afastando-se da filosofia idealista alemã, concentrava seus esforços em compreender "os homens de carne e osso", movidos por suas necessidades materiais e inseridos no rio da História. Embora sua obra não possa ser considerada estritamente sociológica, ela lançou as bases para explicar a vida social a partir do modo como os homens produzem socialmente sua existência por meio do trabalho, e de seu papel enquanto agentes transformadores da sociedade. Isto trouxe de volta ao centro do debate político e intelectual o tema da desigualdade social, vinculando-o a processos histórico-sociais.

A Sociologia começou a se consolidar enquanto disciplina acadêmica e a inspirar rigorosos procedimentos de pesquisa a partir das reflexões de Émile Durkheim (1858-1917) e de Max Weber (1864-1920). Ambos se dedicaram não só a delimitar e a investigar um grande número de temas como a dar-lhes uma clara definição sociológica. Uma parcela considerável da produção desses autores esteve voltada à discussão do método de pesquisa adequado à Sociologia.

A maior parte da vida de Durkheim transcorreu durante a Terceira República francesa (1870-1940), época caracterizada pela instabilidade política e pelas guerras civis. A sociedade europeia mostrava-se a seus olhos ainda pouco integrada e cheia de contradições, a família e a religião acusavam sinais do enfraquecimento de suas antigas funções. Ele acreditava ser necessário descobrir novas fontes de solidariedade e de consenso entre os membros da sociedade para fortalecer sua coesão. Durkheim foi um liberal democrata disposto a levar à frente os ideais revolucionários de 1789. Nesse sentido, deu continuidade à ideia comtiana de instituir uma religião de cunho secular, fundada em princípios morais que poderiam revigorar a sociedade moderna. O positivismo foi a corrente de pensamento que teve maior influência sobre o método de investigação que ele elegeu como o mais correto para a coleta dos dados, a fim de que a Sociologia ultrapassasse os obstáculos impostos pelas noções vulgares e pela afetividade.

Já na Alemanha de Weber a situação social e política era bastante distinta daquela que vigorava em boa parte do continente europeu. Sua industrialização foi retardatária em relação à da Inglaterra e à da França, faltando-lhe uma burguesia economicamente forte, politicamente audaz e com um certo grau de prestígio social. Assim é que os grandes proprietários agrícolas tomaram a direção do processo de unificação nacional que veio a ser concluído em 1870. O Príncipe Otto von Bismarck constituiu na Alemanha uma burocracia forte, racionalmente organizada nos moldes do exército prussiano do qual copiou o rígido sistema de hierarquia e autoridade. Nesse quadro de transformações estruturais, a pequena burguesia germânica perdeu espaço social e político e acabou por ensaiar uma reação contra certos aspectos do capitalismo industrial que vinha se instalando no país. Crítico do capitalismo – ou melhor, da sociedade racionalizada, burocratizada e desencantada – Weber tem uma atitude resignada diante desses processos que considera inevitáveis e inerentes à evolução do dito sistema. É o chamado "anticapitalismo romântico" que marca de forma definitiva seu pensamento.

Em suma, foi a partir da obra realizada sobretudo por Marx, Durkheim e Weber que a Sociologia moderna se configurou como um campo de conhecimento com métodos e objeto próprios. Valores e instituições que antes eram considerados de um ponto de vista supra-histórico passam a ser entendidos como frutos da interação humana. Assim, a Sociologia revelava a dimensão temporal de fenômenos e dispunha-se, mesmo, a interferir no seu curso aparentemente autônomo. Com o tempo, nenhum tema seria considerado menos nobre ou escaparia à ânsia de entendimento: o Estado, as religiões, os povos "não-civilizados", a família e a sexualidade, o mercado, a moral, a divisão do trabalho, os modos de agir, as estruturas das sociedades e seus modos de transformação, a justiça, a bruxaria, a violência... O olhar sociológico continuará à espreita de novos objetos. A razão passa a ser vista como a luz que, promovendo a liberdade do indivíduo, orienta sábios e ignorantes em direção à verdade.

Ao tratar de compreender a especificidade do que poderia ser chamado de "social" e dada a própria natureza de seu objeto, a Sociologia sofre continuamente as influências de seu contexto. Ideias, valores, ideologias, conflitos e paixões presentes nas sociedades permeiam a produção sociológica. Antigos temas – liberdade, igualdade, direitos individuais, alienação – não desaparecem, mas assumem hoje outros significados. A Sociologia era, e continua a ser, um debate entre concepções que procuram dar resposta às questões cruciais de cada época. Por inspirar-se na vida social, não pode, portanto, estar ela própria livre de contradições.

NOTAS

1   Esta introdução incorpora partes do artigo Sociologia, obra dos tempos modernos.

2   Com a queda do Império Romano, em 410, começam a configurar-se os elementos que caracterizarão a chamada Idade Média ou o período medieval, que se estende até o século 15. Aí se inicia o Renascimento, o nascimento da Modernidade.

3   Segundo Scliar, "a teoria do miasma, ao mesmo tempo que alertava contra a transmissão de doenças pelos maus ares, condenava o banho, que poderia abrir os poros e assim facilitar a entrada de eflúvios perigosos". Aos europeus causava surpresa a limpeza dos "selvagens". SCLIAR. *A paixão transformada*, p. 169-170.

4   HISTÓRIA Universal Marin, v. 4, p. 228.

5   O tratamento das crianças é um bom exemplo das mudanças sociais ocorridas no processo de socialização e na moralidade. A punição física sofrida pelas crianças na forma de palmadas e outros castigos, que já foi considerada desejável e pedagógica, hoje começa a parecer inaceitável em algumas sociedades. Surgem entidades oficiais e privadas protetoras que visam coibir abusos, e às vezes é suficiente um ato que provoque publicamente sofrimento de qualquer natureza a uma criança para que aqueles que o assistem manifestem seu desagrado e aversão. Mesmo assim, ainda hoje se têm notícias sobre o infanticídio de meninas praticado por familiares, especialmente nas sociedades em que o sexo feminino é socialmente desvalorizado e nas quais até mesmo a oferta de alimentos, assim como oportunidades de educação, saúde, salários e cargos é menor para mulheres ou meninas.

6   A história registra um caso extremo de uma menina da nobreza que foi casada pela primeira vez antes dos quatro anos e, após enviuvar, ter sido casada novamente por mais duas vezes antes de completar onze. Isso mostra o grau de dependência a que estavam submetidas as mulheres e a inexistência de laços afetivos como fundamento das alianças, mais voltadas a outros interesses.

7   Ver ARIÈS. *História social da criança e da família.*

8   Em meados do século 19, em Manchester, 60.000 pessoas viviam em pátios e 40.000 em porões. Em 1.500 destes porões, três pessoas dormiam numa mesma cama; em outros 738, quatro que descansavam em um só colchão, e nos demais 281, cada cama era compartilhada por cinco pessoas. Uma espécie de tina esvaziada pelas manhãs era usada como

privada. Para um de seus distritos havia 33 tinas servindo a 7.000 pessoas. ROSEN. *Uma história da saúde pública*, p. 166-167.

[9] "O tempo se converte em moeda, não passa... se gasta." THOMPSON. *Tradición, revuelta y consciencia de clase*, p. 247.

[10] Foi entre os séculos 17 e 18, sobretudo, que despontaram as concepções que faziam do indivíduo o ponto de partida do saber e da vida social.

[11] O "penso, logo existo" exprime a descoberta de uma verdade indubitável, a partir da qual Descartes construirá seu sistema filosófico.

[12] O racionalismo nasce no século 17 com René Descartes, juntamente com o contratualismo, com Thomas Hobbes e John Locke, e o empirismo com Francis Bacon, entre outros. Enquanto o empirismo fundava o conhecimento na experiência, sendo, portanto, indutivo, o racionalismo era dedutivo. A dedução inicia-se com um conceito geral, abstrato, do qual derivam-se conclusões lógicas a respeito da realidade concreta. Por exemplo, a partir da ideia de estado da natureza explica-se, através de um processo hipotético dedutivo, a origem do Estado.

[13] O lema kantiano *sapere aude* – ousa conhecer – exprime o espírito do movimento iluminista.

[14] Helvétius escreve, em 1758, que as diferenças entre os seres humanos não se referem à sua capacidade de conhecer, mas aos fatores sociais e políticos, ou morais; portanto, a educação deveria ser oferecida igualmente a homens e mulheres. Seu livro foi condenado pelo Papa e queimado no Parlamento de Paris e na Faculdade de Teologia, a Sorbonne.

[15] MONTESQUIEU. O espírito das leis, p. 121.

[16] MONTESQUIEU. O espírito das leis, p. 172.

[17] ROUSSEAU. Do contrato social, p. 267.

[18] ROUSSEAU. Discurso sobre a desigualdade, p. 267.

[19] ROUSSEAU. Discurso sobre a desigualdade, p. 259.

[20] ROUSSEAU. Discurso sobre a desigualdade, p. 291.

[21] O termo *arte* já era, desde os gregos, aplicado à técnica, enquanto a *ciência* conhecia as coisas eternas: substâncias, essências, movimentos.

[22] Figuras proeminentes da Ilustração francesa, Denis Diderot (1713-1784), filósofo e literato, e Jean le Rond d'Alembert (1717-1783), filósofo, físico e matemático, organizaram e publicaram a *Enciclopédia*.

23 DIDEROT; D'ALEMBERT. *Dicionário raciocinado das ciências, das artes e dos ofícios por uma sociedade de letrados*, p. 23. Entre 1757-1780 saíram à luz 17 volumes de textos, 111 de pranchas e ilustrações, 5 de suplementos e 2 de índices. Contribuíram para a *Enciclopédia*, entre outros, Condorcet, Rousseau e Voltaire.

24 Ao questionar os preconceitos que haviam relegado à condição de classe inferior aqueles que se dedicavam às operações manuais e rotineiras, a *Enciclopédia* concedeu às chamadas artes mecânicas um lugar que nunca antes haviam ocupado.

25 SAINT-SIMON. Parábola.

26 O positivismo, fundado por Comte, só admitia o conhecimento baseado nos fatos e, portanto, na observação. Comte rejeita a metafísica e a prática da dedução em benefício da ciência empírica e verificável.

27 COMTE. Discurso preliminar sobre o conjunto do positivismo, p. 97.

28 COMTE. Discurso preliminar sobre o conjunto do positivismo, p. 77.

29 Os estados anteriores são teológico e metafísico. A chamada lei dos três estados é atribuída equivocadamente a Comte, mas foi comum a diversos outros sistemas de pensamento na época.

30 SPENCER. O que é uma sociedade? p. 147.

31 SPENCER. O que é uma sociedade? p. 148-149.

BIBLIOGRAFIA

ARIÈS, Phillippe. *História social da criança e da família*. Tradução de Dora Flaksman. Rio de Janeiro: Guanabara, 1981.

COMTE, A. Discurso preliminar sobre o conjunto do positivismo. In ____. *Comte*. São Paulo: Abril Cultural, 1980. Coleção Os Pensadores.

DIDEROT; D'ALEMBERT. *Dicionário raciocinado das ciências, das artes e dos ofícios por uma sociedade de letrados*. Tradução de Fúlvia M. L. Morato. São Paulo: Unesp, 1989.

HISTÓRIA Universal Marin. Barcelona: Editorial Marin, 1973.

MONTESQUIEU. O espírito das leis, livro I, cap. I. In: WEFFORT, Francisco. *Os clássicos da política* – Maquiavel, Hobbes, Locke, Montesquieu, Rousseau. São Paulo: Ática, 1991. v. I: O federalista.

QUINTANEIRO, T. Sociologia, obra dos tempos modernos. *Caderno de Filosofia e Ciências Humanas*, Belo Horizonte, Centro Universitário Newton Paiva, v. 7, n. 13, 1999.

ROSEN, George. *Uma história da saúde pública*. Tradução de Marcos F. S. Moreira. São Paulo: Unesp, 1994.

ROUSSEAU, J. J. Discurso sobre a desigualdade. In ____. *Rousseau*. São Paulo: Abril Cultural, 1980. Coleção Os Pensadores.

ROUSSEAU, J. J. Do contrato social. In ____. *Rousseau*. São Paulo: Abril Cultural, 1980. Coleção Os Pensadores.

SAINT-SIMON, Henri. Parábola. In: DESANTI, Dominique. *Los socialistas utópicos*. Tradução de Ignacio Vidal. Barcelona: Anagrama, 1973.

SCLIAR, Moacyr. *A paixão transformada*. História da medicina na literatura. São Paulo: Companhia das Letras, 1996.

SPENCER, H. O que é uma sociedade? In: BIRNBAUM, P.; CHAZEL, F. *Teoria sociológica*. Tradução de Gisela S. Souza e Hélio Souza. São Paulo: Hucitec/USP, 1977.

THOMPSON, E. P. *Tradición, revuelta y consciencia de clase*. Estudios sobre la crisis de la sociedad preindustrial. Barcelona: Crítica, 1979.

KARL MARX 1

Márcia Gardênia Monteiro de Oliveira
Tania Quintaneiro

O trabalhador é tanto mais pobre quanto mais riqueza produz, quanto mais cresce sua produção em potência e em volume. O trabalhador converte-se numa mercadoria tanto mais barata quanto mais mercadorias produz. A desvalorização do mundo humano cresce na razão direta da valorização do mundo das coisas. O trabalho não apenas produz mercadorias, produz também a si mesmo e ao operário como mercadoria, e justamente na proporção em que produz mercadorias em geral.

Karl Marx

INTRODUÇÃO

As formulações teóricas de Karl Marx acerca da vida social, especialmente a análise que faz da sociedade capitalista e de sua superação, provocaram desde o princípio tamanho impacto nos meios intelectuais que, para alguns, grande parte da sociologia ocidental tem sido uma tentativa incessante de corroborar ou de negar as questões por ele levantadas. Mas a relevância prática de sua obra não foi menor, servindo de inspiração àqueles envolvidos diretamente com a ação política. Herdeiro do ideário iluminista, Marx acreditava que a razão era não só um instrumento de apreensão da realidade mas, também, de construção de uma sociedade mais justa, capaz de possibilitar a realização de todo o potencial de perfectibilidade existente nos seres humanos. As experiências do desenvolvimento tecnológico e as revoluções políticas, que tornaram o Setecentos uma época única, inspiraram sua crença no progresso em direção a um reino de liberdade.

Além das dificuldades inerentes à complexidade e extensão da obra de Marx, o que aumenta o desafio de sintetizá-la, o caráter sucinto de algumas de suas teses tem dado lugar a interpretações controversas. O que se procura a seguir é apresentar, para os que se iniciam no pensamento marxiano, seus fundamentos conceituais e metodológicos.

DIALÉTICA E MATERIALISMO

A tradição filosófica dominante na Europa até o início da modernidade pressupunha a existência, além do mundo sensível e histórico, de uma outra dimensão mais real e povoada de *substâncias* ou de *essências* imutáveis que seriam os verdadeiros objetos do conhecimento. Sob essa ótica, o movimento e a transformação, no nível fenomênico, eram considerados mera *aparência* ou concebidos como consumação de um *ciclo* inexorável que em nada afeta o *ser* das coisas, constituído desde sempre, e sempre idêntico a si mesmo. Gradualmente, os caminhos da *razão* e da *história* irão se aproximando até que formas mais dinâmicas de entender a realidade acabarão por ocupar o lugar das concepções anteriores.

A filosofia idealista de Georg Wilhelm Friedrich Hegel (1770-1831) é um ponto alto dessa trajetória. Para o pensador alemão, "tudo o que é real é racional, e tudo o que é racional é real". A realidade histórica desenvolve-se enquanto manifestação da razão, num processo incessante de autossuperação desencadeado pelo *conflito* e pela *contradição* que lhe são inerentes. Tal é "o *movimento dialético*, esse caminho que produz a si mesmo". A noção de dialética origina-se no pensamento clássico grego e é retomada e reformulada por Hegel que, discorrendo sobre a dificuldade de apreendê-la, diz:

> Assim como a opinião se prende rigidamente à oposição do verdadeiro e do falso, assim, diante de um sistema filosófico, ela costuma esperar uma aprovação ou uma rejeição e, na explicação de tal sistema, costuma ver somente ou uma ou outra. A opinião não concebe a diversidade dos sistemas filosóficos como o progressivo desenvolvimento da verdade, mas na diversidade vê apenas contradição.[1]

O finito[2] deve, portanto, ser apreendido a partir do seu oposto, o infinito, o universal, e é essa relação entre o particular e a totalidade que Hegel denomina *unidade dialética*.[3] O fenômeno torna-se inteligível ao ser articulado à totalidade em que se insere, ao ser constituído conceitualmente.

Na base desse empreendimento está o sujeito – que é quem realiza o esforço conceitual orientado a transcender a simples observação dos "fatos", estruturando-os em um sistema totalizante. Este, no entanto, será sempre transitório, passível de superação, devido ao automovimento do conceito, que reflete a busca pela verdade em que se empenha o pensamento científico e filosófico. Aplicada aos fenômenos historicamente produzidos, a ótica dialética cuida de apontar as contradições constitutivas da vida social que resultam na *negação* e *superação* de uma determinada ordem.

Outro tópico recorrente no pensamento político e filosófico, sobretudo ao longo do século 18, refere-se à perda de autocontrole por parte dos seres humanos, subjugados pela sua própria criação: a riqueza da vida material e seus refinamentos.[4] Esse tema reflete-se na ideia hegeliana de *consciência alienada*, separada da realidade, "a consciência de si como natureza dividida". De fato, para o filósofo idealista, ser livre significa recuperar a autoconsciência, e a história dos povos é o processo através do qual a Razão alcança progressivamente esse destino. Após a morte de Hegel, seu pensamento foi interpretado e, até certo ponto, instrumentalizado politicamente por seus seguidores o que deu origem a duas tendências: uma conservadora, de direita, e outra de esquerda, representada pelos jovens ou neo-hegelianos, entre os quais encontravam-se Marx e Engels.[5] De fato, o marxismo, desde seus inícios, manterá um intenso e duradouro debate com o idealismo hegeliano.

Na passagem do idealismo para o materialismo dialético, Ludwig Feuerbach (1804-1872), hegeliano de esquerda, foi uma figura-chave. Feuerbach sustentava que a alienação fundamental tem suas raízes no fenômeno religioso, que cinde a natureza humana, fazendo com que os homens se submetam a forças divinas, as quais, embora criadas por eles próprios, são percebidas como autônomas e superiores. O mundo religioso é concebido por Feuerbach como uma projeção fantástica da mente humana, por isso mesmo alienada.[6] A supressão desse mundo, por meio da *crítica religiosa*, faria desaparecer a própria alienação, promovendo a liberação da consciência.[7]

Embora inicialmente seduzidos pelas teses de Feuerbach, logo Marx e Engels rebateram-nas vigorosamente por considerarem tal crítica religiosa uma simples "luta contra frases". É nesse ponto que a teoria marxista articula a dialética e o materialismo sob uma perspectiva histórica, negando, assim, tanto o idealismo hegeliano quanto o materialismo dos neo-hegelianos.[8] Isto resultou na reformulação não só da dialética como da concepção dos fundamentos da alienação.[9] Marx e Engels questionam o materialismo feuerbachiano que se limitava a captar o mundo como objeto de contemplação e não como resultado da ação humana. Por isso, não fora capaz de vê-lo como passível de transformação através da atividade revolucionária ou crítico-prática. É a unidade entre a teoria e a *praxis* que dá sentido à frase:

"Os filósofos limitaram-se a interpretar o mundo de distintos modos, cabe transformá-lo."[10] Para Marx e Engels, a alienação associa-se às condições materiais de vida e somente a transformação do processo de vida real, por meio da ação política, poderia extingui-la. Na sociedade capitalista, o sujeito que realiza as potencialidades da história é o proletariado, libertando a consciência alienada que atribui à realidade histórica uma aparência mágica, enfeitiçada.

> Hoje em dia, tudo parece levar em seu seio sua própria contradição. Vemos que as máquinas, dotadas da propriedade maravilhosa de encurtar e fazer mais frutífero o trabalho humano, provocam a fome e o esgotamento do trabalhador. As fontes de riqueza recém-descobertas convertem-se, por arte de um estranho malefício, em fontes de privações. Os triunfos da arte parecem adquiridos ao preço de qualidades morais. O domínio do homem sobre a natureza é cada vez maior; mas, ao mesmo tempo, o homem se converte em escravo de outros homens ou de sua própria infâmia. Até a pura luz da ciência parece não poder brilhar mais que sobre o fundo tenebroso da ignorância. Todos os nossos inventos e progressos parecem dotar de vida intelectual as forças produtivas materiais, enquanto reduzem a vida humana ao nível de uma força material bruta. Este antagonismo entre a indústria moderna e a ciência, por um lado, e a miséria e a decadência, por outro; este antagonismo entre as forças produtivas e as relações sociais de nossa época é um fato palpável, abrumador e incontrovertido. (...) não nos enganamos a respeito da natureza desse espírito maligno que se manifesta constantemente em todas as contradições que acabamos de assinalar. Sabemos que, para fazer trabalhar bem as novas forças da sociedade, necessita-se unicamente que estas passem às mãos de homens novos, e que tais homens novos são os operários.[11]

A análise da vida social deve, portanto, ser realizada através de uma perspectiva dialética que, além de procurar estabelecer as leis de mudança que regem os fenômenos, esteja fundada no estudo dos fatos concretos, a fim de expor o movimento do real em seu conjunto. Marx afirma que a compreensão positiva das coisas "inclui, ao mesmo tempo, o conhecimento de sua negação fatal, de sua destruição necessária, porque ao captar o próprio movimento, do qual todas as formas acabadas são apenas uma configuração transitória, nada pode detê-la, porque em essência é crítica e revolucionária".[12] Com isso, reforça as diferenças entre sua interpretação da realidade e as anteriores. Enquanto para Hegel a história da humanidade nada mais é do que a história do desenvolvimento do Espírito, Marx e Engels colocam como ponto de partida

> os indivíduos reais, a sua ação e as suas condições materiais de existência, quer se trate daquelas que encontrou já elaboradas quando do seu aparecimento, quer das que ele próprio criou (...) A primeira condição de toda a história humana é, evidentemente, a existência de seres humanos vivos.[13]

Este método de abordagem da vida social foi denominado posteriormente de *materialismo histórico*. De acordo com tal concepção, as relações *materiais* que os homens estabelecem e o modo como produzem seus meios de vida formam a base de todas as suas relações. Mas essa maneira de exercer a atividade não corresponde meramente à

> reprodução da existência física dos indivíduos. Pelo contrário, já constitui um modo determinado de atividade de tais indivíduos, uma forma determinada de manifestar a sua vida, um modo de vida determinado. A forma como os indivíduos manifestam sua vida reflete muito exatamente aquilo que são. O que são coincide, portanto, com a sua produção, isto é, tanto com aquilo que produzem, como com a forma como produzem. Aquilo que os indivíduos são depende, portanto, das condições materiais de sua produção.[14]

Conforme a perspectiva materialista e dialética, todo fenômeno social ou cultural é efêmero. Logo, tanto a análise da evolução dos processos econômicos quanto a produção de conceitos para estruturar sua compreensão devem partir do reconhecimento de que:

> As formas econômicas sob as quais os homens produzem, consomem e trocam são transitórias e históricas. Ao adquirir novas forças produtivas, os homens mudam seu modo de produção, e com o modo de produção mudam as relações econômicas, que não eram mais que as relações necessárias daquele modo concreto de produção... as categorias econômicas não são mais que abstrações destas relações reais e são verdades unicamente enquanto essas relações subsistem.[15]

Segundo Marx, os economistas de seu tempo não reconhecem a historicidade dos fenômenos que se manifestam na sociedade capitalista, por isso suas teorias são comparáveis às dos teólogos, para os quais "toda religião estranha é pura invenção humana, enquanto a deles próprios é uma emanação de Deus". Ele questiona a perspectiva para a qual as relações burguesas de produção são naturais, estão de acordo com as leis da natureza, como se fossem "independentes da influência do tempo", sendo por isso consideradas como "leis eternas que devem reger sempre a sociedade. De modo que até agora houve história, mas agora já não há." Assim, as instituições feudais teriam sido históricas, ironiza, mas as burguesas seriam naturais e, portanto, imutáveis.[16] Para ele, tanto os processos ligados à produção são transitórios, como as ideias, concepções, gostos, crenças, categorias do conhecimento e ideologias os quais, gerados socialmente, dependem do modo como os homens se organizam para produzir. Portanto, o pensamento e a consciência são, em última instância, decorrência da relação homem/natureza, isto é, das relações materiais.

> Será a maneira de ver a natureza e as relações sociais que a imaginação grega inspira – e que constitui, por isso mesmo, o fundamento da mitologia grega – compatível com as máquinas automáticas de fiar, as ferrovias, as locomotivas

e o telégrafo elétrico? Quem é Vulcano ao pé de Roberts & Cia., Júpiter em comparação com o para-raios e Hermes em comparação com o Crédito Imobiliário? Toda a mitologia subjuga, governa as forças da natureza no domínio da imaginação e pela imaginação, dando-lhes forma: portanto, desaparece quando estas forças são dominadas realmente... A arte grega supõe a mitologia grega, isto é, a elaboração artística mas inconsciente da natureza e das próprias formas sociais pela imaginação popular. São esses os seus materiais... Jamais a mitologia egípcia teria podido proporcionar um terreno favorável à eclosão da arte grega.[17]

NECESSIDADES: PRODUÇÃO E REPRODUÇÃO

Na busca de atender às suas carências, os seres humanos produzem seus meios de vida. É nessa atividade que recriam a si próprios e reproduzem sua espécie num processo que é continuamente transformado pela ação das sucessivas gerações. A premissa da análise marxista da sociedade é, portanto, a existência de seres humanos que, por meio da interação com a natureza e com outros indivíduos, dão origem à sua vida material.

> Um primeiro pressuposto de toda existência humana e, portanto, de toda história (...) [é] que os homens devem estar em condições de poder viver a fim de "fazer a história". Mas, para viver, é necessário, antes de mais nada, beber, comer, ter um teto onde se abrigar, vestir-se etc. O primeiro fato histórico é, pois, a produção dos meios que permitem satisfazer essas necessidades, a produção da própria vida material; trata-se de um fato histórico; de uma condição fundamental de toda a história, que é necessário, tanto hoje como há milhares de anos, executar, dia a dia, hora a hora, a fim de manter os homens vivos.[18]

Todos os seres vivos devem refazer suas energias a fim de assegurar sua existência e a de sua espécie. Todavia, ao interagir com a natureza, os animais atuam de forma inconsciente, não-cumulativa, somente em resposta às suas privações imediatas, e tendo como limite as condições naturais.

> É certo que também o animal produz. Constrói para si um ninho, casas, como as abelhas, os castores, as formigas etc. Mas produz unicamente o que necessita imediatamente para si ou sua prole (...) produz unicamente por força de uma necessidade física imediata, enquanto o homem produz inclusive livre da necessidade física e só produz realmente liberado dela; o animal produz somente a si mesmo, enquanto o homem reproduz a natureza inteira; o produto do animal pertence imediatamente a seu corpo físico, enquanto o homem enfrenta-se livremente com seu produto. O animal produz unicamente

segundo a necessidade e a medida da espécie a que pertence, enquanto o homem sabe produzir segundo a medida de qualquer espécie e sabe sempre impor ao objeto a medida que lhe é inerente; por isso o homem cria também segundo as leis da beleza.[19]

Ao produzir para prover-se do que precisam, os seres humanos procuram dominar as circunstâncias naturais, e podem modificar a fauna e a flora.[20] Para isto, organizam-se socialmente, estabelecem relações *sociais*. O ato de produzir gera também novas necessidades, que não são, por conseguinte, simples exigências naturais ou físicas, mas produtos da existência *social*.

A fome é a fome, mas a fome que se satisfaz com carne cozinhada, comida com faca e garfo, não é a mesma fome que come a carne crua, servindo-se das mãos, das unhas, dos dentes. Por conseguinte, a produção determina não só o objeto do consumo, mas também o modo de consumo, e não só de forma objetiva, mas também subjetiva. Logo, a produção cria o consumidor.[21]

Logo, "a própria quantidade das supostas necessidades naturais, como o modo de satisfazê-las, é um produto histórico que depende em grande parte do grau de civilização alcançado".[22] Na busca de controlar as condições naturais, os homens criam novos objetos os quais não só se incorporam ao ambiente, modificando-o, como passam às próximas gerações. Os resultados da atividade e da experiência humanas que se objetivam são acumulados e transmitidos por meio da cultura. É por meio da ação produtiva que o homem humaniza a natureza e também a si mesmo. O processo de produção e reprodução da vida através do *trabalho* é, para Marx, a atividade humana básica, a partir da qual se constitui a "história dos homens", é para ele que se volta o *materialismo histórico*, método de análise da vida econômica, social, política, intelectual.

FORÇAS PRODUTIVAS E RELAÇÕES SOCIAIS DE PRODUÇÃO

Marx nunca se refere à produção em geral, mas à "produção num estádio determinado do desenvolvimento social [que] é a produção dos indivíduos vivendo em sociedade". Embora a sociedade seja "o produto da ação recíproca dos homens", ela não é uma obra que esses realizam de acordo com seus desejos particulares. A estrutura de uma sociedade depende do estado de desenvolvimento de suas *forças produtivas* e das *relações sociais de produção* que lhes são correspondentes. Tais conceitos são interdependentes e têm, antes de mais nada, uma finalidade analítica, de modo a tornar inteligível a realidade.

A ação dos indivíduos sobre a natureza é expressa no conceito de forças produtivas – o qual busca apreender o modo como aqueles obtêm, em determinados momentos, os bens de que necessitam e, para isto, em que grau desenvolveram sua tecnologia, processos e modos de cooperação, a divisão técnica do trabalho, habilidades e conhecimentos utilizados na produção, a qualidade dos instrumentos e as matérias-primas de que dispõem. Esse conceito pretende, pois, exprimir o grau de domínio humano sobre a natureza, embora Marx assinale

> que os homens não são livres árbitros de suas forças produtivas – base de toda sua história – pois toda força produtiva é uma força adquirida, produto de uma atividade anterior. Portanto, as forças produtivas são o resultado da energia prática dos homens, mas essa mesma energia está determinada pelas condições em que os homens se encontram colocados, pelas forças produtivas já adquiridas, pela forma social anterior a eles, que eles não criaram e que é produto da geração anterior. O simples fato de que cada geração posterior encontre forças produtivas adquiridas pela geração precedente, que lhe servem de matéria-prima para a nova produção, cria na história dos homens uma conexão, cria uma história da humanidade, que é tanto mais a história da humanidade porque as forças produtivas dos homens e, por conseguinte, suas relações sociais adquiriram maior desenvolvimento.[23]

O conceito de relações sociais de produção refere-se às formas estabelecidas de distribuição dos meios de produção e do produto, e o tipo de divisão social do trabalho numa dada sociedade e em um período histórico determinado. Ele expressa o modo como os homens se organizam entre si para produzir; que formas existem naquela sociedade de apropriação de ferramentas, tecnologia, terra, fontes de matéria-prima e de energia, e eventualmente de trabalhadores; quem toma decisões que afetam a produção; como a massa do que é produzido é distribuída, qual a proporção que se destina a cada grupo, e as diversas maneiras pelas quais os membros da sociedade produzem e repartem o produto. Na medida em que, ao produzir, os homens atuam coletivamente, cooperam,

> a produção da vida, tanto a própria através do trabalho como a alheia através da procriação, surge-nos agora como uma relação dupla: por um lado, como uma relação natural e, por outro, como uma relação social – social no sentido de ação conjugada de vários indivíduos, não importa em que condições, de que maneira e com que objetivo. Segue-se que um determinado modo de produção ou estádio de desenvolvimento industrial se encontram permanentemente ligados a um modo de cooperação ou a um estado social determinado, e que esse modo de cooperação é ele mesmo uma força produtiva.[24]

Ainda que a cooperação seja uma relação social de produção porque ocorre entre seres humanos, ela pode se dar tendo em vista interesses particulares, como o de aumentar a produtividade do trabalho ou a quantidade de trabalho explorado. Devido a condições socialmente estabelecidas – ou seja, em sociedades onde existem classes sociais – dá-se um acesso diferenciado, segundo o grupo social, ao produto e aos meios para produzi-lo. A distribuição – que aparece como se fosse apenas distribuição das riquezas nada tendo a ver com a produção – é, antes de mais nada: 1) distribuição dos instrumentos de produção e, 2) distribuição dos membros da sociedade pelos diferentes gêneros de produção. A quantidade de produtos a que distintos membros de sociedades têm acesso é o resultado desta distribuição, que é parte da estrutura do próprio processo produtivo.

A divisão social do trabalho expressa modos de segmentação da sociedade, ou seja, desigualdades sociais mais abrangentes como a que decorre da separação entre trabalho manual e intelectual, ou entre "o trabalho industrial e comercial e o trabalho agrícola; e, como consequência, a separação entre a cidade e o campo e a oposição dos seus interesses".[25] A partir dessas grandes divisões, ocorreram historicamente outras como, por exemplo, entre os grupos que assumiram as ocupações religiosas, políticas, administrativas, de controle e repressão, financeiras etc. A cada um desses grupos cabem tanto tarefas distintas quanto porções maiores ou menores do produto social, já que eles ocupam posições desiguais relativamente ao controle e propriedade dos meios de produção. Assim, o tipo de divisão social do trabalho corresponde à estrutura de classes da sociedade,

> os vários estágios de desenvolvimento da divisão do trabalho representam outras tantas formas diferentes de propriedade; por outras palavras, cada novo estágio na divisão do trabalho determina igualmente as relações entre os indivíduos no que toca à matéria, aos instrumentos e aos produtos do trabalho.[26]

Marx sugere que se imagine uma reunião de homens livres que trabalham com meios de produção comuns e que agrupam suas forças. Seu produto é social, uma parte do qual volta a ser meio de produção e outra é consumida. "O modo de distribuição variará segundo o organismo produtor da sociedade e o grau de desenvolvimento histórico alcançado pelos produtores."[27] Devido à percepção alienada que se tem das relações sociais, Marx salienta que elas também são obra dos homens, do mesmo modo como o são o linho ou a seda.

> O moinho movido a braço nos dá a sociedade dos senhores feudais; o moinho movido a vapor, a sociedade dos capitalistas industriais. Os homens, ao estabelecerem as relações sociais vinculadas ao desenvolvimento de sua produção material, criam também os princípios, as ideias e as categorias conformes às suas relações sociais. Portanto, essas ideias, essas categorias são tão pouco eternas quanto as relações às quais servem de expressão.[28]

Assim sendo, as noções de forças produtivas e de relações sociais de produção mostram que tais relações se interligam de modo que as mudanças em uma provocam alterações na outra. Em resumo, o conceito de forças produtivas refere-se aos instrumentos e habilidades que possibilitam o controle das condições naturais para a produção, e seu desenvolvimento é em geral cumulativo. O conceito de relações sociais de produção trata das diferentes formas de organização da produção e distribuição, de posse e tipos de propriedade dos meios de produção, bem como e que se constituem no substrato para a estruturação das desigualdades expressas na forma de classes sociais. O primeiro trata das relações homem/natureza e o segundo das relações entre os homens no processo produtivo.

ESTRUTURA E SUPERESTRUTURA

O conjunto das forças produtivas e das relações sociais de produção de uma sociedade forma sua *base* ou *estrutura*[29] que, por sua vez, é o fundamento sobre o qual se constituem as instituições políticas e sociais.

> A estrutura social e o Estado resultam constantemente do processo vital de indivíduos determinados; mas não resultam daquilo que esses indivíduos aparentam perante si mesmos ou perante outros e sim daquilo que são *na realidade*, isto é, tal como trabalham e produzem materialmente.[30]

Segundo a concepção materialista da história, na produção da vida os homens geram também outra espécie de produtos que não têm forma material: as ideologias políticas, concepções religiosas, códigos morais e estéticos, sistemas legais, de ensino, de comunicação, o conhecimento filosófico e científico, representações coletivas de sentimentos, ilusões, modos de pensar e concepções de vida diversos e plasmados de um modo peculiar. A classe inteira os cria e os plasma derivando-os de suas bases materiais e das relações sociais correspondentes.[31] Esta é a *superestrutura* ou *supraestrutura*. Marx e Engels sintetizam a articulação entre esses dois níveis na seguinte crítica ao idealismo:

> São os homens que produzem as suas representações, as suas ideias etc., mas os homens reais, atuantes, e tais como foram condicionados por um determinado desenvolvimento das suas forças produtivas e do modo de relações que lhe corresponde, incluindo até as formas mais amplas que estas possam tomar. A consciência nunca pode Ser mais que o Ser consciente, e o Ser dos homens é o seu processo da vida real... Assim, a moral, a religião, a metafísica e qualquer outra ideologia, tal como as formas de consciência que lhes correspondem, perdem imediatamente toda aparência de autonomia. Não têm história, não têm desenvolvimento; serão, antes, os homens

que, desenvolvendo a sua produção material e as suas relações materiais, transformam, com esta realidade que lhes é própria, o seu pensamento e os produtos deste pensamento. Não é a consciência que determina a vida, mas sim a vida que determina a consciência.[32]

Assim, a explicação das formas jurídicas, políticas, espirituais e de consciência encontra-se na base econômica e material da sociedade, no modo como os homens estão organizados no processo produtivo. No caso das sociedades onde se dá a apropriação privada dos meios para produzir, esta base relaciona-se diretamente à forma adotada por suas instituições.

> Na relação imediata entre o proprietário dos meios de produção e o produtor direto há que se buscar o segredo mais profundo, o cimento oculto de todo o edifício social, e por conseguinte da forma política que a relação de soberania e dependência adota; em uma palavra, a base da forma específica que o Estado adota em um período dado. Isto não impede que a mesma base econômica apresente, sob a influência de inumeráveis condições empíricas distintas, de condições naturais, de relações sociais, influências históricas exteriores, infinitas variações e matizes, que só poderão ser esclarecidos por uma análise dessas circunstâncias empíricas.[33]

Esta base material é, portanto, expressa no conceito de *modo de produção* que serve para caracterizar distintas etapas da história humana. Na medida em que uma diversidade de fatores contribui para a configuração das maneiras como se produz em diferentes sociedades e épocas, de suas estruturas de classes, assim como de suas leis, religiões, regimes políticos e outros elementos superestruturais, o conceito de modo de produção é abstrato o suficiente para contemplar as formas particulares que se apresentam historicamente. Marx faz menção aos modos de produção comunista primitivo, antigo, feudal e capitalista nas sociedades ocidentais, ao asiático que compreende as sociedades orientais e as pré-colombianas da América do Sul, e finalmente ao comunista. Debates posteriores encarregaram-se de mostrar que, com isso, Marx não pretendia dizer que o progresso social encaminhava-se linearmente e numa direção única: aquela trilhada pelas sociedades ocidentais mais avançadas. O êxito da Revolução socialista na Rússia czarista em 1917 contribuiu para mostrar que nem todas as sociedades tinham que passar pelas mesmas etapas.

Os conceitos-chave para a compreensão do materialismo histórico foram sintetizados por Marx ao narrar sua própria trajetória intelectual:

> O meu primeiro trabalho, que empreendi para esclarecer as dúvidas que me assaltavam, foi uma revisão crítica da Filosofia do Direito de Hegel (...) Nas minhas pesquisas cheguei à conclusão de que as relações jurídicas – assim como as formas de Estado – não podem ser compreendidas por si mesmas, nem pela dita evolução geral do espírito humano, inserindo-se, pelo contrário, nas condições materiais de existência de que Hegel (...) compreende o conjunto

pela designação de "sociedade civil"; por seu lado, a anatomia da sociedade civil deve ser procurada na economia política (...) A conclusão geral a que cheguei e que, uma vez adquirida, serviu de fio condutor dos meus estudos pode formular-se resumidamente assim: na produção social de sua existência, os homens estabelecem relações determinadas, necessárias, independentes da sua vontade, relações de produção que correspondem a um determinado grau de desenvolvimento das forças produtivas materiais. O conjunto dessas relações de produção constitui a estrutura econômica da sociedade, a base concreta sobre a qual se eleva uma superestrutura jurídica e política e à qual correspondem determinadas formas de consciência social. O modo de produção da vida material condiciona o desenvolvimento da vida social, política e intelectual em geral. Não é a consciência dos homens que determina o seu ser; é o seu ser social que, inversamente, determina a sua consciência. Em certo estádio de desenvolvimento, as forças produtivas materiais da sociedade entram em contradição com as relações de produção existentes, ou, o que é a sua expressão jurídica, com as relações de propriedade no seio das quais tinham se movido até então. De formas de desenvolvimento das forças produtivas, estas relações transformam-se no seu entrave. Surge, então, uma época de revolução social. A transformação da base econômica altera, mais ou menos rapidamente, toda a imensa superestrutura.[34]

Coube a Engels, numa longa carta, esclarecer alguns equívocos que já se anunciavam então a respeito da relação entre a estrutura e a superestrutura.[35]

Segundo a concepção materialista da história, o fator que em última instância determina a história é a produção e a reprodução da vida real. Nem Marx nem eu nunca afirmamos mais do que isso. Se alguém o tergiversa dizendo que o fator econômico é o único determinante, converte aquela tese numa frase vazia, abstrata, absurda. A situação econômica é a base, mas os diversos fatores da superestrutura – as formas políticas da luta de classes e seus resultados, as Constituições que, uma vez ganha uma batalha, são redigidas pela classe vitoriosa etc., as formas jurídicas, e mesmo os reflexos de todas estas lutas reais no cérebro dos participantes, as teorias políticas, jurídicas, filosóficas, as ideias religiosas e o seu desenvolvimento ulterior até serem convertidas em sistemas dogmáticos – exercem igualmente a sua ação sobre o curso das lutas históricas e, em muitos casos, determinam predominantemente sua forma (...) Somos nós mesmos que fazemos a história, mas, nós a fazemos, em primeiro lugar, segundo premissas e condições muito concretas. Entre elas, são as econômicas as que, em última instância, decidem. Mas também desempenham um papel, ainda que não seja decisivo, as condições políticas e até as tradições que rondam como um duende nas cabeças dos homens... O fato de que os discípulos destaquem mais que o devido o aspecto econômico é coisa que, em parte, temos a culpa Marx e eu mesmo. Frente aos adversários, tínhamos que sublinhar este princípio cardinal que era negado, e nem sempre dispúnhamos de tempo, espaço e ocasião para dar a devida importância aos demais fatores que intervêm no jogo das ações e reações. Infelizmente, ocorre com frequência que se crê haver entendido totalmente e que se pode manusear sem dificuldades uma nova teoria pelo simples fato de se haver assimilado, e nem sempre exatamente, suas teses fundamentais. Desta crítica não estão isentos muitos dos novos "marxistas" e assim se explicam muitas das coisas inexpressivas com que contribuíram.[36]

De toda maneira, a complexidade da relação estrutura e superestrutura continuou levando a interpretações contraditórias do marxismo. As chamadas leituras economicistas do pensamento de Marx enfatizam o determinismo da vida econômica sobre as formas superestruturais, excluindo qualquer possibilidade de que as ideologias, as ciências, a arte, as crenças religiosas, as formas de consciência coletiva, tanto de classes como de outros modos de associação, sistemas jurídicos ou de governo tenham exercido sobre a história de um povo um papel, se não determinante, pelo menos com peso semelhante ao da estrutura. Tais perspectivas foram com frequência utilizadas com a finalidade de impor concepções políticas autoritárias, mesmo que anticapitalistas, algumas das quais se propuseram a promover uma "revolução" no nível superestrutural de modo a adequá-lo às chamadas "necessidades da produção". Com isso, tradições culturais, valores, crenças e costumes sofreram intervenções por parte de interesses políticos organizados.[37] Em muitos casos, manifestações artísticas como a poesia, a escultura, a pintura e o teatro servem até hoje de testemunho das exigências que lhes foram colocadas por vanguardas partidárias.

CLASSES SOCIAIS E ESTRUTURA SOCIAL

Marx não deixou uma teoria sistematizada sobre as classes sociais, embora este seja um tema obrigatório para que suas interpretações a respeito das desigualdades sociais, da exploração, do Estado e da revolução sejam compreendidas. Tal teoria acabou por ser constituída a partir dos elementos disseminados em seus distintos trabalhos.[38] O ponto de partida é que a *produção* é "a atividade vital do trabalhador, a manifestação de sua própria vida", e através dela o homem se humaniza. No processo de produção os homens estabelecem entre si determinadas relações sociais através das quais extraem da natureza o que necessitam. Desde aí, Marx reflete sobre o significado – para o indivíduo e a sociedade – da apropriação por não-produtores (pessoas, empresas ou o Estado) de uma parcela do que é produzido socialmente, e desenvolve sua concepção de *classe*, exploração, *opressão* e *alienação*.

Enquanto as sociedades estiveram limitadas por uma capacidade produtiva exígua, a sobrevivência de seus membros só era garantida por meio de uma luta constante para obter da natureza o indispensável. A organização social era simples e existia apenas uma *divisão natural do trabalho* segundo a idade, a força física e o gênero. Ou seja, "numa época em que duas mãos não podem produzir mais do que o que uma boca consome, não existem bases econômicas"[39] que possibilitem que uns vivam do trabalho de outros, seja na forma de trabalho escravo ou de qualquer outro modo de exploração. É o surgimento de um *excedente* da produção que permite a divisão social do trabalho, assim como a apropriação das condições de produção por parte de alguns membros da comunidade os quais passam, então, a estabelecer algum tipo de direito sobre o produto ou sobre os próprios trabalhadores. Vê-se, portanto, que a existência das classes sociais vincula-se a circunstâncias históricas específicas, quais sejam, aquelas em que a criação de um excedente possibilita a *apropriação privada* das condições de produção. Dessa forma, o materialismo histórico descarta as interpretações que atribuem um caráter natural, inexorável, a esse tipo particular de desigualdade. E ainda afasta definitivamente a ideia segundo a qual as classes se definiriam a partir do nível de renda ou da origem dos rendimentos: isso não só resultaria numa infinidade de situações como, também, tornaria a distribuição da riqueza produzida socialmente a própria causa da desigualdade. A renda não é um fator independente da produção: é, antes, uma expressão da parcela maior ou menor do produto a que um grupo de indivíduos pode ter direito em decorrência de sua posição na estrutura de classes.

A configuração básica de classes nos termos expostos acima expressa-se, de maneira simplificada, num modelo dicotômico: de um lado, os proprietários ou possuidores dos meios de produção, de outro, os que não os possuem. Historicamente, essa polaridade apresenta-se de diferentes maneiras conforme as relações sociais e econômicas de cada formação social. Daí os escravos e patrícios, servos e senhores feudais, aprendizes e mestres, trabalhadores livres e capitalistas... Esse é, sem dúvida, um esquema teórico insuficiente para apreender a complexidade e variações presentes em sociedades concretas. Nem mesmo no caso da Inglaterra, a sociedade capitalista mais desenvolvida da época, a divisão de classes aparecia em sua forma pura, e as consequências da convivência entre elementos de distintos modos de produção podem ser observadas na Europa, onde

> à parte dos males da época atual, temos que suportar uma larga série de males hereditários provenientes da sobrevivência de modos de produção supera-dos, com as consequências das relações políticas e sociais anacrônicas que engendra. Não só temos que sofrer com os vivos mas, além disso, com os mortos.[40]

A utilidade do esquema dicotômico reside na possibilidade de iden-tificar a configuração básica das classes de cada modo de produção, aquelas que responderão pela dinâmica essencial de uma dada sociedade, definindo inclusive as relações com as demais classes.

Em todas as formas de sociedade, é uma produção determinada e as relações por ela produzidas que estabelecem todas as outras produções e as relações a que elas dão origem, a sua categoria e a sua importância. É como uma iluminação geral que modifica as tonalidades particulares de todas as cores.[41]

Mesmo assim, Marx acredita que a tendência do modo capitalista de produção é separar cada vez mais o trabalho e os meios de produção, concentrando e transformando estes últimos em capital e àquele em trabalho assalariado e, com isso, eliminar as demais divisões intermediárias das classes. Não obstante, as sociedades comportam também critérios e modos de apropriação e de estabelecimento de privilégios que geram ou mantêm outras divisões e classes além daquelas cujas relações são as que, em definitivo, modelam a produção e a formação socioeconômica. O estabelecimento de novas relações sociais de produção com a organização jurídica e política correspondente e, com elas, de novas classes, quase nunca representa uma completa extinção dos modos de produção anteriores, cujos traços às vezes só gradualmente vão desaparecendo.

O desenvolvimento do modo de produção capitalista tomou rumos imprevisíveis para um analista situado, como Marx, em meados do século 19. A organização econômica e política ancorou-se cada vez mais firmemente em níveis internacionais e, no interior de cada sociedade, esses processos adquiriram feições muito singulares, referidas à diversidade de elementos que conformaram suas experiências históricas. Tudo isso teve como resultado novas subdivisões no interior das classes sociais, como ocorre com o crescimento das chamadas "classes médias" e dos setores tecnoburocráticos. Em outros casos, consolidou a existência de antigas relações de produção, às vezes sob novas roupagens, tanto no campo como nas cidades. Em suma, formaram-se historicamente estruturas econômicas e sociais complexas, conjugando relações entre as novas classes e frações[42] de classe típicas das sociedades capitalistas tradicionais.

A crítica feita pelo marxismo à propriedade privada dos meios de produção da vida humana dirige-se, antes de tudo, às suas consequências: a exploração da classe de produtores não-possuidores por parte de uma classe de proprietários, a limitação à liberdade e às potencialidades dos primeiros e a desumanização de que ambos são vítimas. Mas o domínio dos possuidores dos meios de produção não se restringe à esfera produtiva: a classe que detém o poder material numa dada sociedade é também a potência política e espiritual dominante.

Os indivíduos que constituem a classe dominante possuem, entre outras coisas, uma consciência, e é em consequência disso que pensam; na medida em que dominam enquanto classe e determinam uma época histórica em toda sua extensão, é lógico que esses indivíduos dominem em todos os sentidos, que tenham, entre outras, uma posição dominante como seres pensantes, como produtores de ideias, que regulamentem a produção e a distribuição dos pensamentos de sua época; as suas ideias são, portanto, as ideias dominantes de sua época.[43]

LUTAS DE CLASSES

No trecho a seguir estão sintetizados aspectos importantes da teoria marxiana sobre as classes e a relação conflituosa que mantêm:

> Pelo que me diz respeito, não me cabe o mérito de ter descoberto a existência das classes na sociedade moderna, nem a luta entre elas. Muito antes de mim, alguns historiadores burgueses tinham exposto o desenvolvimento histórico desta luta de classes, e alguns economistas burgueses, a sua anatomia. O que acrescentei de novo foi demonstrar: 1) que a *existência das classes* está unida apenas a *determinadas fases históricas do desenvolvimento da produção*; 2) que a luta de classes conduz, necessariamente, à *ditadura do proletariado*; 3) que esta mesma ditadura não é mais que a transição para a *abolição de todas as classes* e para uma *sociedade sem classes*.[44]

O *Manifesto comunista* inicia-se com a afirmativa de que as classes sociais sempre se enfrentaram e "mantiveram uma luta constante, velada umas vezes e noutras franca e aberta; luta que terminou sempre com a transformação revolucionária de toda a sociedade ou pelo colapso das classes em luta".[45] Portanto, a história das sociedades cuja estrutura produtiva baseia-se na apropriação privada dos meios de produção pode ser descrita como a história das *lutas de classes*. Essa expressão, antes de significar uma situação de confronto explícito – que de fato pode ocorrer em certas circunstâncias históricas – expressa a existência de contradições numa estrutura classista, o antagonismo de interesses que caracteriza necessariamente uma relação entre classes, devido ao caráter dialético da realidade. Dado que as classes dominantes sustentam-se na exploração do trabalho daqueles que não são proprietários nem possuidores dos meios de produção – assim como em diversas formas de opressão social, política, intelectual, religiosa etc. – a relação entre elas não pode ser outra senão conflitiva, ainda que apenas potencialmente. Para o materialismo histórico, a luta de classes relaciona-se diretamente à mudança social, à superação dialética das contradições existentes. É por meio da luta de classes que as principais transformações estruturais são impulsionadas, por isso ela é dita o "motor da história". A classe explorada constitui-se assim no mais potente agente da mudança.

Para fins analíticos, Marx distingue conceitualmente as *classes em si*, conjunto dos membros de uma sociedade que são identificados por compartilhar determinadas condições objetivas, ou a mesma situação no que se refere à propriedade dos meios de produção, das *classes para si*, classes que se organizam politicamente para a defesa consciente de seus interesses, cuja identidade é construída também do ponto de vista subjetivo.[46] Essa distinção tornou-se clássica pela referência que Marx faz, num texto muito conhecido, aos camponeses pequenos proprietários da França. Estes são apresentados como uma massa de famílias pobres que, dado seu modo de produzir, eram autossuficientes e viviam isolados. Umas quantas famílias constituem uma aldeia, umas quantas aldeias, um departamento, e

assim se forma a grande massa da nação francesa, pela simples soma de unidades do mesmo nome, do mesmo modo como as batatas de um saco formam um saco de batatas. Na medida em que milhões de famílias vivem sob condições econômicas de existência que as distinguem por sua maneira de viver, seus interesses e sua cultura de outras classes e se opõem a elas de modo hostil, aquelas formam uma classe. Dado que existe entre os pequenos proprietários camponeses uma articulação puramente local, e a identidade de interesses não engendra entre eles nenhuma comunidade, nenhuma união nacional e nenhuma organização política, não formam uma classe. São, portanto, incapazes de fazer valer seu interesse de classe em seu próprio nome (...) não podem representar-se, mas têm que ser representados. Seu representante tem que aparecer ao mesmo tempo como seu senhor, como uma autoridade acima deles, como um poder ilimitado de governo que o proteja das demais classes e que lhes envie desde o alto a chuva e o sol.[47]

A consciência de classe conduz, na sociedade capitalista, à formação de associações políticas (sindicatos, partidos) que buscam a união solidária entre os membros da classe oprimida com vistas à defesa de seus interesses e ao combate aos opressores. Por isso é que

a coalizão persegue sempre uma dupla finalidade: acabar com a concorrência entre os operários para poder fazer uma concorrência geral aos capitalistas. Se a primeira finalidade da resistência se reduzia à defesa do salário, depois, à medida que os capitalistas se associam, movidos, por sua vez, pela ideia de repressão, as coalizões, a princípio isoladas, formam grupos, e a defesa das associações por parte dos trabalhadores frente ao capital, sempre unido, acaba sendo para eles mais necessário que a defesa do salário. (...) As condições econômicas transformam primeiro a massa da população do país em trabalhadores. A dominação do capital criou para esta massa uma situação comum, interesses comuns. Assim, pois, esta massa já é uma classe com respeito ao capital, mas ainda não é uma classe para si. Na luta (...) esta massa se une, se constitui como classe para si.[48]

Um exemplo histórico do papel revolucionário exercido por uma classe social foi dado pela burguesia durante as revoluções ocidentais no início da Idade Moderna. Durante aquele processo, ela representava uma nova força produtiva, dotada de possibilidades gigantescas de transformação nas relações sociais.

A ECONOMIA CAPITALISTA

O foco de Marx em *O capital*, sua obra madura, é a sociedade capitalista, a forma de organização social mais desenvolvida e mais variada de todas já existentes. Ao analisá-la, compreendem-se também outras formações socioeconômicas anteriores e desaparecidas – como as sociedades primitivas, as escravistas, as asiáticas e as feudais – "sob cujas ruínas e elementos ela se edificou, das quais certos vestígios ainda não apagados, que continuam a existir nela, se enriquecem de toda a sua significação".[49]

A unidade analítica mais simples dessa sociedade e a expressão elementar de sua riqueza é a *mercadoria*, forma assumida pelos produtos e pela própria força de trabalho, e composta por dois fatores: *valor de uso* e *valor de troca*. Por um lado, a mercadoria tem a propriedade de satisfazer as necessidades humanas, sejam as do estômago ou as da fantasia, servindo como meio de subsistência ou de produção. Por ser útil, ela tem um valor de uso que se realiza ou se efetiva no consumo, enquanto o que não se consome nunca se torna mercadoria. Coisas úteis, porém, podem não ser mercadorias, desde que não sejam produtos do trabalho ou não se destinem à troca (como a produção para uso próprio).

Para calcular o valor de troca de uma mercadoria, mede-se a quantidade da "substância" que ela contém, o trabalho, embora para isso não se levem em conta as diferenças entre habilidades e capacidades de seus produtores individualmente e, sim, a força social média, o *tempo de trabalho socialmente necessário*, isto é, "todo trabalho executado com grau médio de habilidade e intensidade em condições normais relativas ao meio social dado". Ou seja, o cálculo do valor de troca é feito segundo o tempo de trabalho gasto na sua produção em uma sociedade e em um período dados. Distintas mercadorias podem ter valores diferentes e, para que seus possíveis consumidores realizem entre si os intercâmbios que pretendem, é preciso haver um meio de quantificar tais valores, que variam segundo o lugar e a época, a disponibilidade de materiais, as técnicas para obtê-los e transformá-los etc. No momento da permuta, faz-se a abstração da forma concreta assumida pela mercadoria (um prato feito ou um ramo de flores) e do seu valor de uso, e então "só lhe resta uma qualidade: a de ser produto do trabalho (...) uma inversão de força humana de trabalho, sem referência à forma particular em que foi invertida".[50] A existência de produtores que realizam trabalhos distintos e que, por isso, precisam obter o produto da atividade de outros para seu próprio consumo, é resultado da divisão do trabalho.

> Com efeito, as mercadorias a trocar umas pelas outras são simplesmente trabalho materializado em diferentes valores de uso, portanto materializado de diversas formas – são apenas o modo de existência materializado da divisão do trabalho ou a materialização de trabalhos quantitativamente diferentes, correspondendo a sistemas de necessidades diferentes.[51]

Em troca do que necessita, cada um oferece o fruto de seu próprio labor, ainda que metamorfoseado na forma de moeda.[52] O marceneiro veste roupas, a arquiteta come pão, o pedreiro vai ao cinema, o agricultor toma remédios, a enfermeira lê jornal, o banqueiro escova os dentes. Qual deles produz tudo aquilo de que precisa?

> O sistema capitalista é aquele no qual se aboliu da maneira mais completa possível a produção com vistas à criação de valores de uso imediato, para o consumo do produtor: a riqueza só existe agora como processo social que se expressa no entrelaçamento da produção e da circulação.[53]

As relações de produção capitalistas implicam na existência do *mercado*, onde também a *força de trabalho* é negociada por um certo valor entre o trabalhador livre e o capital. A força de trabalho é uma mercadoria que tem características peculiares: é a única que pode produzir mais riqueza do que seu próprio valor de troca. No entanto,

> a força de trabalho não foi sempre uma mercadoria, o trabalho não foi sempre trabalho assalariado, isto é, trabalho livre. O escravo não vendia sua força de trabalho ao escravista, do mesmo modo que o boi não vende seu trabalho ao lavrador. O escravo é vendido de uma vez para sempre, com sua força de trabalho, a seu amo. É uma mercadoria que pode passar das mãos de um dono às mãos de outro. Ele é uma mercadoria, mas sua força de trabalho não é uma mercadoria que lhe pertença. O servo da gleba só vende uma parte de sua força de trabalho. Não é ele que obtém um salário do proprietário do solo, pelo contrário, é o proprietário do solo que recebe dele um tributo. Mas o trabalhador livre se vende a si mesmo e, ademais, vende-se em partes. Leiloa 8, 10, 12, 15 horas de sua vida, dia após dia (...) ao proprietário de matérias-primas, instrumentos de trabalho e meios de vida, isto é, ao capitalista.[54]

E como se determina o valor da força de trabalho no mercado? Através do "valor dos meios de subsistência requeridos para produzir, desenvolver, manter e perpetuar a força de trabalho", ou seja, tudo o que é necessário para que o trabalhador se reproduza de acordo com suas habilidades, capacitação e nível de vida, o qual varia historicamente entre épocas, regiões e ocupações. Isso também significa que o produtor reproduz a si mesmo enquanto categoria "trabalhador" e à sua família para que, como diz Marx, "essa singular raça de possuidores dessa mercadoria se perpetue no mercado". O *capital* – para quem ela é útil e que compra essa mercadoria – não é simplesmente uma soma de meios de produção. Esses, sim, é que foram transformados em capital ao serem apropriados pela burguesia. O capital, assim como o trabalho assalariado, é uma relação social de produção, é uma forma histórica de distribuição das condições de produção, resultante de um processo de expropriação e concentração da propriedade.

A sociedade capitalista baseia-se na ideologia da igualdade, cujo parâmetro é o mercado. De um lado, está o trabalhador que oferece no mercado sua força de trabalho, de outro, o empregador que a adquire por um salário.[55] A ideia de equivalência na troca é crucial para a estabilidade da sociedade capitalista. Os homens aparecem como iguais diante da lei, do Estado, no mercado etc., e assim eles veem-se a si mesmos. Mas, embora o processo de venda da força de trabalho por um salário apareça como um intercâmbio entre equivalentes, o valor que o trabalhador pode produzir durante o tempo em que trabalha para aquele que o contrata é superior àquele pelo qual vende suas capacidades. Marx distingue o *tempo de trabalho necessário*, durante o qual se dá a reprodução do trabalhador e no qual gera o equivalente a seu salário, do *tempo de trabalho excedente*, período em que a atividade produtiva não cria valor para o trabalhador mas para o proprietário do capital. Em função das relações sociais de produção capitalistas, o valor que é produzido durante o tempo de trabalho excedente ou não-pago é apropriado pela burguesia. Parte desse valor extraído gratuitamente durante o processo de produção passa a integrar o próprio capital, possibilitando a acumulação crescente.[56] O valor que ultrapassa o dos fatores consumidos no processo produtivo (meios de produção e força de trabalho), e que se acrescenta ao capital empregado inicialmente na produção, é a *mais-valia*. Ela se transforma, assim, em uma riqueza que se opõe à classe dos trabalhadores. A *taxa* de mais-valia, a razão entre trabalho excedente e trabalho necessário, expressa o grau de exploração da força de trabalho pelo capital. O que impede o trabalhador de perceber como se dá efetivamente todo esse processo é sua situação alienada. Em síntese, o trabalho apropriado pelo capital "é trabalho forçado, ainda que possa parecer o resultado de uma convenção contratual livremente aceita".[57]

O PAPEL REVOLUCIONÁRIO DA BURGUESIA

Marx concentra boa parte de sua obra na análise do surgimento, evolução e superação do capitalismo e no modo pelo qual ele se originou da destruição da sociedade feudal que o antecede. Segundo ele, a organização produtiva feudal, com sua forma de propriedade dos meios de produção urbana e rural, processos de trabalho e técnicas, já tinha se esgotado, e novas forças produtivas muito mais poderosas vinham se desenvolvendo. Conquanto a proteção das guildas e corporações da Idade Média tivesse possibilitado a acumulação do capital, o desenvolvimento do comércio marítimo e a fundação das colônias, a manutenção das velhas estruturas feudais constituir-se-iam num entrave à continuidade daquela expansão.[58]

> Vimos, pois, que os meios de produção e de troca, sobre cuja base a burguesia se formou, foram criados na sociedade feudal. Ao alcançar um certo grau de desenvolvimento, esses meios de produção e de troca, as condições em que a sociedade feudal produzia e trocava, toda a organização feudal da agricultura e da indústria, em uma palavra, as relações feudais de propriedade, deixaram de corresponder às forças produtivas já desenvolvidas. Freavam a produção em lugar de impulsioná-la... Era preciso romper essas travas, e foram rompidas. Em seu lugar estabeleceu-se a livre concorrência, com uma constituição social e política adequada a ela e com a dominação econômica e política da classe burguesa.[59]

Os regulamentos das corporações medievais opunham forte resistência "à transformação do mestre em capitalista, ao limitar, por meio de rigorosos editos, o número máximo de oficiais e aprendizes que tinha o direito de empregar, e ao proibir-lhe a utilização de oficiais em qualquer outro ofício que não fosse o seu".[60] Além disso, era permitido aos comerciantes comprar qualquer tipo de mercadorias... menos a força de trabalho uma vez que, para transformá-la em capital, o possuidor de dinheiro precisava encontrar no mercado o trabalhador livre

> desde um duplo ponto de vista. Primeiro, o trabalhador tem que ser uma pessoa livre, que disponha a seu arbítrio de sua força de trabalho como de sua própria mercadoria; segundo, não deve ter outra mercadoria para vender. Por assim dizer, tem que estar livre de todo, por completo desprovido das coisas necessárias para a realização de sua capacidade de trabalho.[61]

Deve ficar claro que não se tratava apenas de uma mudança nos processos produtivos, mas também no que se refere à organização política do Estado, às forças sociais em que este se sustentava e a outras instituições, tais como o sistema jurídico e tributário, a moral, religião, cultura e ideologia antes dominantes. A burguesia cumpriu, então, um papel revolucionário. Sua ação destruiu os modos de organização do trabalho, as formas da propriedade no campo e na cidade; debilitou as antigas classes dominantes – como a aristocracia feudal e o clero, substituiu a legislação feudal, e eliminou os impostos e obrigações feudais, as corporações de ofício, o sistema de vassalagem que impedia que os servos se transformassem nos trabalhadores livres e mesmo o regime político monárquico nos casos em que sua existência representava um obstáculo ao pleno desenvolvimento das potencialidades da produção capitalista. Essa dimensão revolucionária da ação burguesa não se esgota com a extinção daquelas antigas formas, porque, além disso,

> a burguesia não pode existir senão sob a condição de revolucionar incessantemente os instrumentos de produção e, com isso, todas as relações sociais (...) Uma revolução contínua na produção, um abalo constante de todas as condições sociais, uma inquietude e um movimento constantes distinguem a época burguesa de todas as precedentes. Rompem-se todas as relações sociais estancadas e deterioradas, com seu cortejo de crenças e de ideias veneradas durante séculos; as novas tornam-se velhas antes de terem podido se ossificar.[62]

A burguesia "cria um mundo à sua imagem e semelhança". Ela "foi a primeira a provar o que pode realizar a atividade humana: criou maravilhas maiores do que as pirâmides do Egito, os aquedutos romanos, as catedrais góticas; conduziu expedições que empanaram mesmo as antigas invasões e as cruzadas". Enfim, perguntam-se Marx e Engels, fascinados com a potência revolucionária dessa classe, "que século anterior teria suspeitado que semelhantes forças produtivas estivessem adormecidas no seio do trabalho social?" A burguesia foi, naquele momento, a mais nítida expressão da modernidade e do processo de racionalização.

Assim, tal como já ocorrera na transição do feudalismo para o capitalismo, o pleno desenvolvimento do novo modo de produção implica necessariamente na criação e desenvolvimento de forças materiais cruciais à construção ou constituição de uma nova sociedade não sendo

> possível levar a cabo uma libertação real sem ser no mundo real e através de meios reais; que não é possível abolir a escravatura sem a máquina a vapor e a *mule-Jenny*, nem a servidão sem aperfeiçoar a agricultura; que, mais genericamente, não é possível libertar os homens enquanto eles não estiverem completamente aptos a fornecerem-se de comida e bebida, a satisfazerem as suas necessidades de alojamento e vestuário em qualidade e quantidade perfeitas.[63]

Segundo Marx e Engels, o modo de produção capitalista estende-se a todas as nações, constrangidas a abraçar o que a burguesia chama de "civilização". A premência de encontrar novos mercados e matérias-primas e de gerar novas necessidades leva-a a estabelecer-se em todas as partes.

A TRANSITORIEDADE DO MODO
DE PRODUÇÃO CAPITALISTA

Mas a nova sociedade "que saiu das ruínas da sociedade feudal não aboliu as contradições entre as classes. Unicamente substituiu as velhas classes, as velhas condições de opressão, as velhas formas de luta por outras novas." Cada vez mais nitidamente dividida

> em dois vastos campos inimigos, em duas grandes classes que se enfrentam diretamente: a burguesia e o proletariado... A burguesia despojou de sua auréola todas as profissões que até então eram tidas como veneráveis e dignas de piedoso respeito. Do médico, do jurista, do sacerdote, do poeta, do sábio fez seus servidores assalariados.[64]

Mantiveram-se, dessa forma, as condições da luta de classes. Sendo as sociedades classistas fundadas em uma contradição que lhes é inerente, também o capitalismo estaria condenado a extinguir-se com a eclosão de um processo de revolução social.

> As relações burguesas de produção e troca, as relações burguesas de propriedade, toda essa sociedade burguesa moderna, que fez surgir tão potentes meios de produção e de troca, assemelha-se ao feiticeiro que já não é capaz de dominar as potências infernais que desencadeou com seus conjuros (...) As armas de que a burguesia se serviu para derrubar o feudalismo voltam-se hoje contra a própria burguesia. Porém a burguesia não forjou somente as armas que lhe darão a morte; produziu também os homens que empunharão essas armas – os operários modernos, os proletários.[65]

Ao mesmo tempo que cresce essa "massa" da humanidade absolutamente despossuída aumenta também sua concentração em grandes centros industriais, sua capacidade de organização e de luta e a consciência de sua situação social. É ao proletariado que Marx e Engels atribuem o papel de agente transformador da sociedade capitalista.[66]

> De todas as classes que hoje enfrentam a burguesia, só o proletariado é uma classe verdadeiramente revolucionária... As camadas médias – o pequeno comerciante, o pequeno industrial, o artesão, o camponês – todas elas lutam contra a burguesia para salvar sua existência, enquanto camadas médias, da ruína. Não são, pois, revolucionárias, mas conservadoras. Mais ainda, são reacionárias, já que pretendem voltar atrás a roda da História. São revolucionárias somente quando têm diante de si a perspectiva de sua passagem iminente ao proletariado (...) O lumpemproletariado, esse produto passivo da putrefação das camadas mais baixas da velha sociedade, pode, às vezes, ser arrastado ao movimento por uma revolução proletária; todavia, em virtude de suas condições de vida está mais predisposto a vender-se à reação para servir às suas manobras.[67]

Por meio de um processo revolucionário, as condições de apropriação e concentração dos meios de produção existentes em mãos de uma classe desaparecem e, a partir de então, inicia-se um processo de fundação da sociedade sobre novas bases. No caso de uma revolução proletária, na medida em que desaparecessem as garantias da propriedade privada dos meios de produção, o mesmo aconteceria com a burguesia como classe e com o modo capitalista de produção. Instalar-se-ia, então, uma nova forma de organização social que, numa fase transitória, seria uma ditadura do proletariado mas, ao realizar todas as condições a que se propôs, tornar-se-ia uma sociedade comunista. A antiga sociedade civil será então substituída "por uma associação que exclua as classes e seu antagonismo; já não existirá um poder político propriamente dito, pois o poder político é precisamente a expressão oficial do antagonismo de classe dentro da sociedade civil".[68] Uma das premissas para a existência dessa sociedade seria o grande desenvolvimento das forças produtivas promovido pela produção capitalista "pois, sem ele, apenas se generalizará a penúria e, com a pobreza, começará paralelamente a luta pelo indispensável e cair-se-á fatalmente na imundície anterior..."[69] Em outras palavras, "a libertação é um fato histórico e não um fato intelectual, e é provocado por condições históricas, pelo progresso da indústria, do comércio, da agricultura".[70]

TRABALHO, ALIENAÇÃO E SOCIEDADE CAPITALISTA

O fundamento da alienação, para Marx, encontra-se na atividade humana prática: o trabalho. Marx faz referência principalmente às manifestações da alienação na sociedade capitalista. Segundo ele, o fato econômico é "o estranhamento entre o trabalhador e sua produção" e seu resultado é o "trabalho alienado, cindido" que se torna independente do produtor, hostil a ele, estranho, poderoso e que, ademais, pertence a outro homem que o subjuga – o que caracteriza uma relação social. Marx sublinha três aspectos da alienação: 1) o trabalhador relaciona-se com o produto do seu trabalho como com algo alheio a ele, que o domina e lhe é adverso, e relaciona-se da mesma forma com os objetos naturais do mundo externo; o trabalhador é alienado em relação às coisas; 2) a atividade do trabalhador tampouco está sob seu domínio, ele a percebe como estranha a si próprio, assim como sua vida pessoal e sua energia física e espiritual, sentidas como atividades que não lhe pertencem; o trabalhador é alienado em relação a si mesmo; 3) a vida genérica ou produtiva do ser humano torna-se apenas meio de vida para o trabalhador, ou seja, seu trabalho – que é sua atividade vital consciente e que o distingue dos animais – deixa de ser livre e passa a ser unicamente meio para que sobreviva. Portanto, "do mesmo modo como o operário se vê rebaixado no espiritual e no corporal à condição de máquina, fica reduzido de homem a uma atividade abstrata e a um estômago".[71] Por outro lado, o trabalho produtivo acaba por tornar-se uma obrigação para o proletário, o qual, não sendo possuidor dos meios de produção, é compelido a vender sua atividade vital, que

> não é para ele mais do que um meio para poder existir. Ele trabalha para viver. O operário nem sequer considera o trabalho como parte de sua vida, para ele é, antes, um sacrifício de sua vida. É uma mercadoria por ele transferida a um terceiro. Por isso o produto de sua atividade não é tampouco o objetivo dessa atividade. O que o trabalhador produz para si mesmo não é a seda que tece, nem o ouro que extrai da mina, nem o palácio que constrói. O que produz para si mesmo é o *salário*, e a seda, o ouro e o palácio reduzem-se para ele a uma determinada quantidade de meios de vida, talvez a um casaco de algodão, umas moedas de cobre e um quarto num porão. E o trabalhador que tece, fia, perfura, torneia, cava, quebra pedras, carrega etc. durante doze horas por dia – são essas doze horas de tecer, fiar, tornear, construir, cavar e quebrar pedras a manifestação de sua vida, de sua própria vida? Pelo contrário. Para ele a vida começa quando terminam essas atividades, à mesa de sua casa, no banco do bar, na cama. As doze horas de trabalho não têm para ele sentido algum enquanto tecelagem, fiação, perfuração etc., mas somente como meio para ganhar o dinheiro que lhe permite sentar-se à mesa, ao banco no bar e deitar-se na cama. Se o bicho-da-seda fiasse para ganhar seu sustento como lagarta, seria o autêntico trabalhador assalariado.[72]

Dito de outra maneira, o trabalhador e suas propriedades humanas só existem para o capital. Se ele não tem trabalho, não tem salário, não tem existência. Só existe quando se relaciona com o capital e, como este lhe é estranho, a vida do trabalhador é também estranha para ele próprio. Diz Marx que o malandro, o sem-vergonha, o mendigo, o faminto, o miserável, o delinquente não existem para a economia política, são fantasmas fora de seu reino, já que ela somente leva em conta as necessidades do trabalhador cujo atendimento permite manter vivo a ele e a categoria dos trabalhadores. O salário serve para conservar o trabalhador como qualquer outro instrumento produtivo. Esta é uma visão estreita do que são as necessidades humanas que contemplam também a beleza, a paixão, o espírito e a sociedade mesma, os demais seres humanos. Mas enquanto existir a propriedade privada dos meios de produção, as necessidades dos homens resumem-se ao dinheiro, e as novas necessidades criadas servirão para obrigá-los a maiores sacrifícios e dependência.

> Com a massa de objetos cresce, portanto, o reino dos seres alheios aos quais o homem está submetido, e cada novo produto é uma nova potência do recíproco engano e da recíproca exploração. O homem, enquanto homem, faz-se mais pobre, necessita mais do dinheiro para apoderar-se do ser inimigo...[73]

Em suma, o operário não se reconhece no produto que criou, em condições que escapam a seu arbítrio e às vezes até à sua compreensão, nem vê no trabalho qualquer finalidade que não seja a de garantir sua sobrevivência. E a própria "força de produção multiplicada que nasce por obra da cooperação dos diferentes indivíduos sob a ação da divisão do trabalho" aparece aos produtores como um poder alheio, sobre o qual não têm controle, não sabem de onde procede e sentem como se estivesse situado à margem deles, independente de sua vontade e de seus atos e que "até mesmo dirige esta vontade e estes atos". Mas o próprio capitalista, senhor da riqueza, dela é escravo e se desumaniza. A produção coletiva é organizada e dirigida segundo os interesses de uma camada da sociedade: a burguesia, desconsiderando-se todas as necessidades de realização pessoal e de bem-estar dos proletários que não estejam diretamente ligadas à criação de riqueza. Na medida em que a produção capitalista carece, para sustentar-se e aumentar a produtividade, do incessante aperfeiçoamento técnico, a divisão do trabalho é uma condição essencial. Mas a tarefa individual do trabalhador torna-se, de seu ponto de vista, um ato abstrato e sem relação com o produto final. "O que caracteriza a divisão do trabalho no seio da sociedade [capitalista] é ela que engendra as especialidades, as distintas profissões e, com elas, o idiotismo do ofício."[74] A divisão capitalista do trabalho e mesmo a atividade profissional exercida atendem aos interesses particulares dos grupos dominantes e só eventualmente aos dos produtores. As decisões a respeito do quê, do quanto, de como, em que ritmo e por meio de quais métodos se produz escapam quase inteiramente da razão do produtor direto, "retiram ao trabalho do proletário todo o caráter substantivo e fazem com que perca todo atrativo para ele. O produtor converte-se num simples apêndice da máquina e só se exigem dele as operações mais simples, mais monótonas e de mais fácil aprendizagem."[75] Sendo assim, ele é mais facilmente substituível por outro trabalhador, "especializado" em atos abstratos e com precária capacidade de negociar melhores condições de vida e trabalho. Desse modo,

> hoje em dia o custo do operário se reduz, mais ou menos, aos meios de subsistência indispensáveis para viver e perpetuar sua linhagem. Mas o preço do trabalho, como de toda mercadoria, é igual ao custo de sua produção. Portanto, quanto mais enfadonho é o trabalho, mais baixam os salários. (...) Quanto menos o trabalho exige habilidade e força, isto é, quanto maior é o desenvolvimento da indústria moderna, maior é a proporção em que o trabalho dos homens é suplantado pelo das mulheres e crianças. As diferenças de idade e sexo perdem toda significação social no que se refere à classe operária. Não há senão instrumentos de trabalho cujo custo varia segundo a idade e o sexo.[76]

Em condições de alienação, o trabalho faz com que o crescimento da riqueza objetiva se anteponha à humanização (do homem e da natureza),[77] sirva crescentemente como meio de exploração (ao transformar-se em capital), e só se realize como meio de vida. Por isso, ele "não é a satisfação de uma necessidade senão, somente, um meio para satisfazer as necessidades fora do trabalho".[78] Marx considera que o trabalhador não se sente feliz, mortifica seu corpo e arruína seu espírito no trabalho que é obrigado a fazer, que é externo a ele. E se não existisse coação ele fugiria do trabalho como da peste... Ele só se sente de fato livre em suas funções animais e em suas funções humanas sente-se como um animal: "O animal se converte no humano, o humano no animal." Até mesmo necessidades como a de ar livre deixam de existir "e o homem retorna à caverna, envenenada agora por uma mefítica pestilência da civilização, onde habita precariamente, como um poder alheio que pode fugir-lhe qualquer dia, do qual pode ser expulso qualquer dia se não paga. Tem que pagar por esta casa mortuária."[79] No sistema capitalista, a força de trabalho é regulada como qualquer mercadoria. Assim, "se a oferta é muito maior do que a demanda, uma parte dos operários mergulha na mendicância ou morre de inanição".[80]

Enquanto os trabalhadores têm que atender às suas necessidades por meio de uma organização da produção que não obedece ao controle coletivo, não participam de maneira consciente no processo produtivo. O poder social é percebido como uma força alheia.

> Todos os meios para desenvolver a produção transformam-se em meios para dominar e explorar o produtor: fazem dele um homem truncado, fragmentário, ou o apêndice de uma máquina. Opõem-se a ele, como outras tantas potências hostis, as forças científicas da produção. Substituem o trabalho atrativo por trabalho forçado. Fazem com que as condições em que se desenvolve o trabalho sejam cada vez mais anormais, e submetem o trabalhador, durante seu serviço, a um despotismo tão ilimitado como mesquinho. Convertem toda sua vida em tempo de trabalho...[81]

A quantificação dos produtos do trabalho humano permite o cálculo de sua equivalência. Troca-se uma certa quantidade de moeda por um saco de cimento. Mas essa relação parece ocorrer entre coisas. Conquanto seja "uma relação social determinada dos homens entre si (...) adquire para eles a forma fantástica de uma relação de coisas entre si".[82] Este é o que Marx chama de *caráter fetichista da mercadoria*, dado pela incapacidade dos produtores de perceber que, através da troca dos frutos de seus trabalhos no mercado, são eles próprios que estabelecem uma relação social. Em outras palavras, o fetichismo do mundo das mercadorias deve-se a que os atributos sociais do trabalho são ocultos detrás de sua aparência material já que

> o que interessa na prática aos que intercambiam produtos é saber quanto obterão em troca deles, isto é, a proporção em que se intercambiam entre si. Quando esta proporção adquire certa estabilidade habitual, parece-lhes proveniente

da natureza mesma dos produtos do trabalho. Parece existir nas coisas uma propriedade de intercambiar-se em proporções determinadas, como as substâncias químicas combinam-se em proporções fixas.[83]

Isso quer dizer que as relações sociais aparecem aos olhos dos homens encantadas sob a forma de valor, como se este fosse uma propriedade natural das coisas. Através da forma fixa em valor-dinheiro, o caráter social dos trabalhos privados e as relações sociais entre os produtores se obscurecem. É como se um véu nublasse a percepção da vida social materializada na forma dos objetos, dos produtos do trabalho e de seu valor. Assim,

> o duplo caráter social dos trabalhos particulares reflete-se no cérebro dos produtores com a forma que lhes imprime o comércio prático, o intercâmbio dos produtos. Quando os produtores colocam frente a frente e relacionam entre si os produtos de seu trabalho como valores, não é porque veem neles uma simples envoltura sob a qual se oculta um trabalho humano idêntico. Muito pelo contrário. Ao considerar iguais na troca seus produtos diferentes, estabelecem que seus distintos trabalhos são iguais. E fazem-no sem saber. Em consequência, o valor não traz escrito na testa o que é. Ao contrário, de cada produto do trabalho faz um hieróglifo. Somente com o tempo o homem trata de decifrar seu sentido, de penetrar nos segredos da obra social para a qual contribui, e a transformação dos objetos úteis em valores é um produto da sociedade, da mesma maneira que a linguagem.[84]

Mas, a necessidade permanente de renovação e avanço técnico é também uma das oposições dialéticas que constituem a sociedade capitalista e a levam à sua superação como derradeira sociedade de classes. "As relações de produção burguesas são a última forma contraditória do processo de produção social..."[85] Logo, "a condição da emancipação da classe operária é a abolição de todas as classes".[86]

O propósito último da crítica-prática é mostrar o caminho da humanização, a fim de que os homens possam assumir a direção da produção, orientando-a segundo sua vontade consciente e suas necessidades e, não, de acordo com um poder "externo" que regule a atividade que caracteriza a espécie. A extinção das diversas formas de alienação exige que "as condições de trabalho e da vida prática apresentem ao homem relações transparentes e racionais com seus semelhantes e com a natureza",[87] reclama, então, uma sociedade onde o conflito entre homem e natureza e entre homem e homem se resolva: a sociedade comunista.

REVOLUÇÃO

Prolongando a tradição iluminista, a teoria marxiana volta-se à temática do progresso, e procura estabelecer as leis de desenvolvimento das sociedades.

> Uma organização social nunca desaparece antes que se desenvolvam todas as forças produtivas que ela é capaz de conter, nunca relações de produção novas e superiores se lhe substituem antes que as condições materiais de existência dessas relações se produzam no próprio seio da velha sociedade. É por isso que a humanidade só levanta os problemas que é capaz de resolver e, assim, numa observação atenta, descobrir-se-á que o próprio problema só surgiu quando as condições materiais para resolvê-lo já existiam ou estavam, pelo menos, em vias de aparecer.[88]

Quando a necessidade de expansão das forças produtivas de uma dada formação social choca-se com as estruturas econômicas, sociais e políticas vigentes, estas começam a se desintegrar, para dar lugar a uma nova estrutura, já anunciada nos elementos contraditórios da sociedade que se extingue. Abre-se então uma época revolucionária, de eclosão dos conflitos sociais amadurecidos sob a aparente harmonia anterior. O progresso é o resultado dialético dessa ruptura. As relações sociais de produção tornam-se um entrave ao desenvolvimento. No período medieval, as forças produtivas anunciadas pela burguesia nascente foram de encontro aos interesses representados nas corporações de ofícios e nas guildas. Por isso é que as revoluções burguesas vieram representar o processo de liberação daquelas forças, paralisadas por relações sociais ultrapassadas. Essa não-correspondência entre relações sociais e forças produtivas cerceia o potencial de avanço da produção, fornece as condições materiais para que as classes atuem e exerçam seu papel revolucionário. O progresso das forças produtivas, os câmbios nas relações sociais de produção e, consequentemente, nas instituições políticas, jurídicas, religiosas etc. permitem compreender como se dá historicamente a passagem de uma organização social a outra mais avançada, ou a um novo modo de produção. Quando uma classe consegue impor-se sobre outras classes debilitadas ou historicamente ultrapassadas, ela destrói as formas econômicas, as relações sociais, civis e jurídicas, as visões de mundo e o regime político, substituindo-os por outros, condizentes com seus interesses e seu domínio. O fundamento desse processo de negação e de transição é a vida material, sendo as classes socialmente oprimidas os agentes de tais transformações e da mudança social. Embora a organização dos grupos explorados e a intensificação da luta política venham a desembocar na conquista do poder, não se trata de uma mera troca de posições – de modo que os que eram anteriormente oprimidos passem a ocupar o lugar dos opressores – mas da construção de uma nova sociedade sobre outras bases. Para

Marx, "de todos os instrumentos de produção, a maior força produtiva é a própria classe revolucionária",[89] é ela que faz evoluir mais rápida e eficientemente toda a sociedade, liberando os elementos de progresso contidos no interior das velhas e enrijecidas estruturas sociais. Enquanto essa classe ocupa uma posição subordinada desde o ponto de vista econômico, social e político, suas ideias e interesses encontram-se também numa situação dominada, e são combatidos e reprimidos pelos grupos dominantes, organizados na forma de ideologias, ciência, religião, leis, aparatos repressivos e estatais em geral, modos de pensar, valores etc. Segundo Marx, somente quando "já não existam classes e antagonismos de classes é que as evoluções sociais deixarão de ser revoluções políticas".[90] Na medida em que a vida humana alienada se manifesta, no capitalismo, através da propriedade privada, é a superação desta a apropriação da vida. Enquanto a alienação religiosa ocorre "no domínio da consciência, a alienação econômica pertence à vida real, por isso sua superação abarca ambos aspectos" e possibilita a volta dos homens à sua vida humana, ou seja, social.[91]

COMUNISMO

O modo de produção capitalista já representou um passo evolutivo em relação ao feudalismo, dado que a maneira como passa a ser extraído o trabalho excedente e as condições em que isso se dá "são mais favoráveis para o desenvolvimento das forças produtivas, das relações sociais de produção e para a criação de uma estrutura nova e superior" que resultará de um processo revolucionário, "uma etapa na qual desaparecerão a coerção e a monopolização, por uma fração da sociedade em detrimento da outra, do progresso social".[92] As referências à sociedade comunista não pretendem ser profecias, como pretendem alguns, mas reflexões orientadas por princípios como a liberdade e a não-alienação. É Marx quem afirma que "o comunismo é a forma necessária e o princípio dinâmico do futuro imediato, mas o comunismo em si não é a finalidade do desenvolvimento humano, a forma da sociedade humana".[93] O que o comunismo possibilita é submeter a criação dos homens "ao poder dos indivíduos associados"[94] e que a divisão do trabalho passe a obedecer aos interesses de toda a sociedade. Garantida a apropriação social das condições da existência, extinguir-se-ia a contradição entre o indivíduo privado e o ser coletivo, sendo geradas as condições para a liberação das capacidades criadoras humanas, promovendo a instalação do reino da liberdade o qual "só começa quando se deixa de trabalhar por necessidade e condições impostas desde o exterior".[95] No texto a seguir, a sociedade comunista é descrita de maneira alegórica.

Com efeito, desde o momento em que o trabalho começa a ser repartido, cada indivíduo tem uma esfera de atividade exclusiva que lhe é imposta e da qual não pode sair; é caçador, pescador, pastor ou crítico e não pode deixar de o ser se não quiser perder seus meios de subsistência. Na sociedade comunista, porém, onde cada indivíduo pode aperfeiçoar-se no campo que lhe aprouver, não tendo por isso uma esfera de atividades exclusiva, é a sociedade que regula a produção geral e me possibilita fazer hoje uma coisa, amanhã outra, caçar de manhã, pescar à tarde, pastorear à noite, fazer crítica depois da refeição, e tudo isso a meu bel-prazer, sem por isso me tornar exclusivamente caçador, pescador ou crítico.[96]

Nela se anteveem as possibilidades de um sistema social regulado de acordo com as necessidades humanas, voltado para as potencialidades criativas que os indivíduos livres abrigam em seu espírito. E como

a verdadeira riqueza intelectual do indivíduo depende apenas da riqueza de suas relações reais, só desta forma se poderá libertar cada indivíduo dos seus diversos limites nacionais e locais depois de entabular relações práticas com a produção do mundo inteiro (incluindo a produção intelectual) e de se encontrar em estado de poder beneficiar da produção do mundo inteiro em todos os domínios (criação dos homens). A dependência universal... será transformada pela revolução comunista em controle e domínio consciente desses poderes que, engendrados pela ação recíproca dos homens uns sobre outros, se lhes impuseram e os dominaram até agora, como se se tratasse de poderes absolutamente estranhos.[97]

A sociedade comunista seria o resultado de uma "reconstrução consciente da sociedade humana", pondo fim à "pré-história da humanidade" e dando início a uma nova vida social.

CONCLUSÕES

A complexidade do objeto que o marxismo procura analisar – a gênese das sociedades humanas, suas estruturas econômicas, sociais, políticas, ideológicas e os vínculos que mantém entre si, suas contradições internas e o que as sociedades contemporâneas podem anunciar – resultou num rico manancial tanto de ideias como de equívocos. É impossível catalogar todos os trabalhos que se propuseram a interpretá-lo, a condensá-lo e a rastrear conceitos que se disseminaram por toda a obra marxista em que tomaram formas distintas. O próprio pensamento marxiano evoluiu internamente, sendo aceita por alguns a divisão entre a produção da juventude e a da maturidade. Além disso, ainda que Marx fosse explicitamente contrário às subdivisões dentro das ciências humanas, posteriormente, distintas áreas do conhecimento – como a filosofia, a história, a economia, a antropologia, a linguística e a sociologia – apropriaram-se de certos temas e textos com vistas a aplicar o método histórico materialista à análise de questões contemporâneas, segundo a perspectiva particular de cada uma delas. Movimentos políticos e sociais – tais como grupos feministas, ambientalistas, partidos, sindicatos, movimentos libertários e estéticos vinculados ao teatro revolucionário e popular, ao cinema, às correntes psicanalíticas – encarregaram-se também de examinar as proposições marxianas. Da mesma forma, algumas correntes das ciências sociais retomaram o materialismo na interpretação de temas presentes na sociedade contemporânea, tais como as consequências da atuação direta do Estado sobre a economia ou a vida privada, o crescimento dos grupos médios ligados ao setor de serviços, a redução do setor produtivo, o acesso do proletariado aos bens da sociedade de consumo, a utilização eficiente dos recursos de comunicação de massas por grupos que sustentam o status *quo*, as formas de organização econômica, política e militar das grandes potências imperialistas e dos setores em que se experimentam relações sociais livres de repressão. Estudam-se também as causas da miséria, da violência, da injustiça social, as novas instituições familiares e religiosas, o aparecimento de contradições sociais não-classistas, conflitos étnicos, a desintegração política e social do proletariado no sentido clássico e, finalmente, de que modo se pode contribuir na escolha dos caminhos mais compatíveis com os anseios de liberdade e de felicidade humana apontados desde a sociedade grega antiga.

NOTAS

[1] HEGEL. *A fenomenologia do espírito*, p. 6. O pensamento de Hegel continua a ser pouco assimilável pela mentalidade ocidental, especialmente suas reflexões sobre o ser e o não-ser, que ultrapassam os princípios da identidade e da não-contradição da lógica clássica. Hegel procura mostrar que o sensível, o que vemos, é, logo a seguir, o que não é. Se o "aqui" é uma árvore, quando lhe voltamos as costas, essa verdade desaparece e se transforma no seu contrário, o "aqui" passa então a ser uma casa. O "aqui" permanece e lhe é indiferente ser casa ou árvore. Da mesma maneira, o "agora" que é noite transforma-se depois em um não-existente quando o dia amanhece. "Aqui" e "agora" são universais e o objeto é inessencial.

[2] Isto é: o acontecimento singular, a acidentalidade, o fato, o fenômeno contingente, o imediato, o particular ou a parte.

3   "O verdadeiro é o todo. Mas o todo é somente a essência que atinge a completude por meio do seu desenvolvimento", diz Hegel, assim, "o fruto surge em lugar da flor como verdade da planta". HEGEL. *A fenomenologia do espírito*, p. 13 e 6.

4   Marx considera que a propriedade privada fez dos homens seres tão estúpidos e unilaterais que um objeto só é seu quando lhes pertence, quando existe "como capital, ou quando é imediatamente possuído, comido, bebido, vestido, habitado, em resumo, utilizado". Os sentidos físicos e espirituais foram substituídos pelo de possuir.

5   Friedrich Engels (1820-1895) foi o grande colaborador de Marx. Juntos escreveram *A sagrada família, A ideologia alemã e Manifesto do Partido Comunista*, importantes referências na produção marxista, e assumiram compromissos políticos condizentes com suas propostas. Além de diversos artigos, Engels publicou *Do socialismo utópico ao científico, A origem da família, da propriedade privada e do Estado* e *Contribuição ao problema da moradia*. Após a morte de Marx, tomou para si a tarefa de organizar os manuscritos deixados por aquele, bem como interpretá-los e divulgá-los. Optamos por não lhe dar aqui o mesmo tratamento dado a Marx, que de fato elaborou os principais fundamentos teóricos que dão coerência ao sistema marxista de interpretação.

6   Como disse Engels a respeito das colocações feitas em *A essência do cristianismo*, de Feuerbarch, "fora da natureza e dos homens, não existe nada, e os seres superiores que nossa imaginação religiosa forjou não são mais do que outros tantos reflexos fantásticos de nosso próprio ser". ENGELS. Ludwig Feuerbach y el fin de la filosofía clásica alemana, p. 387.

7   Segundo Feuerbach "quanto mais vazia é a vida, tanto mais pleno, tanto mais concreto é Deus. O mundo real se esvazia quando a divindade aumenta. Somente o homem pobre tem um Deus rico." Citado em MARX. *Manuscritos:* economía y filosofía, p. 216.

8   O rompimento de Marx e Engels com os jovens hegelianos consuma-se com a redação de *A ideologia alemã*, em 1846, com o que dizem ter feito um ajuste de contas com sua "consciência filosófica anterior". Esta obra só é publicada em 1932.

9   O termo alienação é a tradução mais divulgada das três principais palavras alemãs empregadas por Marx para expressar a ideia de tornar-se estranho a si mesmo, não reconhecer-se em suas obras, desprender-se, distanciar-se, perder o controle.

10   MARX; ENGELS. Teses contra Feuerbach, p. 53.

[11] MARX. Discurso no *People's Paper*, p. 369.

[12] MARX. *O capital*, v. I, p. 32.

[13] MARX; ENGELS. *A ideologia alemã*, p. 18.

[14] MARX; ENGELS. *A ideologia alemã*, p. 19.

[15] MARX. Carta a Annenkov, p. 472-475.

[16] MARX. *Miseria de la filosofía*, p. 104.

[17] MARX. Introdução à crítica da economia política; Crítica à economia política, p. 239-240.

[18] MARX; ENGELS. *A ideologia alemã*, p. 33.

[19] MARX. *Manuscritos:* economía y filosofía, p. 112.

[20] Isto nem sempre se dá de maneira adequada, ou tendo em vista os interesses coletivos ou da espécie, podendo haver destruição dos recursos naturais.

[21] MARX. Introdução à crítica da economia política, p. 220.

[22] MARX. *O capital*, v. I, p. 178.

[23] MARX. Carta a Annenkov, p. 470-471.

[24] MARX; ENGELS. *A ideologia alemã*, p. 35.

[25] MARX; ENGELS. *A ideologia alemã*, p. 20.

[26] MARX; ENGELS. *A ideologia alemã*, p. 20.

[27] MARX. *O capital*, v. I, p. 92.

[28] MARX. Miseria de la filosofía, p. 91.

[29] O marxismo adotou e difundiu o termo infraestrutura.

[30] MARX; ENGELS. *A ideologia alemã*, p. 24.

[31] MARX. El dieciocho brumario de Luis Bonaparte, p. 276.

[32] MARX; ENGELS. *A ideologia alemã*, p. 25.

[33] MARX. *O capital*, v. III, p. 775-776.

[34] MARX. Prefácio, p. 28.

[35] Uma publicação da época observou que o que fora dito por Marx acerca da relevância da base material numa dada organização social só seria justo "no que se refere ao mundo moderno, dominado pelos interesses materiais, mas não para a Idade Média, na qual reinava o catolicismo, nem para Atenas e Roma, nas quais reinava a política". Marx, que se utiliza de seu habitual estilo irônico, replica: "Antes de tudo, é estranho que a certas pessoas agrade supor que alguém desconheça estas maneiras de falar, antiquadas e muito comuns, sobre a Idade Média e a Antiguidade. Está claro que nem a primeira podia viver do catolicismo, nem a segunda da política. Pelo contrário, as condições econômicas de então explicam por que o catolicismo, no primeiro caso, e a política, no segundo, representavam o papel principal. Por outro lado, ninguém ignora que até D. Quixote teve que se arrepender por ter acreditado que a cavalaria errante era compatível com todas as formas econômicas da sociedade." *O capital*, v. I, p. 94-95).

[36] ENGELS. Carta a Bloch, p. 520-522.

[37] Nos países onde ocorreram revoluções socialistas, assiste-se ao esforço de definir uma arte do proletariado que seria colocada a serviço da revolução.

[38] O capítulo de *O capital* intitulado "As classes contêm duas páginas inacabadas". Nele, Marx refere-se às três grandes classes da sociedade moderna baseada no sistema de produção capitalista: os proprietários de força de trabalho, de capital e de terra.

[39] Malinovski citado por MANDEL. *Tratado de economía marxista*, p. 38.

[40] MARX. *O capital*, v. I, p. 22.

[41] MARX. Crítica à economia política, p. 235.

[42] Exemplos de frações de classe: a burguesia financeira ou comercial, o proletariado do setor extrativo etc.

[43] MARX; ENGELS. *A ideologia alemã*, p. 56.

[44] MARX. Carta a Weidemeyer, p. 481.

[45] MARX; ENGELS. *Manifesto do Partido Comunista*, p. 26.

[46] Essa denominação (classe em si, para si) só chegou a ser utilizada nos escritos de juventude, mas a ideia de que a produção da vida material constitui formas de consciência continuou a ser desenvolvida, assim como a de que o proletariado seria a única classe capaz de liberar toda a humanidade da situação de opressão e de injustiça que caracteriza as sociedades classistas.

[47] MARX. El dieciocho brumario de Luis Bonaparte, p. 341.

[48] MARX. Miseria de la filosofía, p. 157-158.

[49] MARX. Introdução à crítica da economia política, p. 234.

[50] MARX. *O capital*, v. I, p. 57.

[51] MARX. Crítica à economia política, p. 282.

[52] Os trabalhos humanos concretos, úteis, convertem-se em trabalho abstrato que se manifesta como dinheiro, a forma equivalente por meio da qual aqueles podem ser trocados.

[53] MARX. *O capital*, v. III, p. 573.

[54] MARX. Trabalho assalariado e capital, p. 75.

[55] O salário é o preço da força de trabalho e, em função das variações do mercado, pode estar temporariamente acima ou abaixo do valor da força de trabalho.

[56] A *taxa* de mais-valia, que é a razão entre trabalho excedente e trabalho necessário, é a expressão do grau de exploração da força de trabalho pelo capital.

[57] MARX. *O capital*, v. III, p. 801.

[58] Na Inglaterra, as revoluções de 1640 e 1688 encarregaram-se de destruir as antigas formas econômicas e as relações sociais e políticas correspondentes.

[59] MARX; ENGELS. *Manifesto do Partido Comunista*, p. 26.

[60] MARX. *O capital*, v. I, p. 352.

[61] MARX. *O capital*, v. I, p. 176.

[62] MARX; ENGELS. *Manifesto do Partido Comunista*, p. 25.

[63] MARX; ENGELS. *A ideologia alemã*, p. 28. A *mule-Jenny* foi a primeira máquina automática de fiar.

[64] MARX; ENGELS. *Manifesto do Partido Comunista*, p. 27-28.

[65] MARX; ENGELS. *Manifesto do Partido Comunista*, p. 27-28.

[66] Numa frase muito conhecida, Marx e Engels dizem: "A burguesia produz, sobretudo, seus próprios coveiros. Sua queda e a vitória do proletariado são igualmente inevitáveis." MARX; ENGELS. *Manifesto do Partido Comunista*, p. 34.

[67] MARX; ENGELS. *Manifesto do Partido Comunista*, p. 32.

[68] MARX. Miseria de la filosofía, p. 159.

[69] MARX; ENGELS. *A ideologia alemã*, p. 42.

[70] MARX; ENGELS. *A ideologia alemã*, p. 28.

[71] MARX. *Manuscritos:* economía y filosofía, p. 54.

[72] MARX. Trabalho assalariado e capital, p. 75.

[73] MARX. *Manuscritos:* economía y filosofía, p. 156.

[74] MARX. Miseria de la filosofía, p. 127.

[75] MARX; ENGELS. *Manifesto do Partido Comunista*, p. 28.

[76] MARX; ENGELS. *Manifesto do Partido Comunista*, p. 28-29.

[77] Com o comunismo seria solucionado o conflito entre o homem e a natureza, e o homem voltaria a si mesmo enquanto homem social, isto é, humano. "A sociedade é, pois, a unidade essencial do homem com a natureza" e deixará de ser uma abstração frente ao indivíduo. MARX. *Manuscritos:* economía y filosofía, p. 143-146.

[78] MARX. *Manuscritos:* economía y filosofía, p. 109.

[79] MARX. *Manuscritos:* economía y filosofía, p. 158.

[80] MARX. *Manuscritos:* economía y filosofía, p. 52.

[81] MARX. *O capital*, v. I, p. 619.

[82] Marx faz analogia com o mundo religioso no qual "os produtos do cérebro do homem têm o aspecto de seres independentes, dotados de corpos particulares", como no caso dos deuses.

[83] MARX. *O capital*, v. I, p. 88-89.

[84] MARX. *O capital*, v. I, p. 88.

[85] MARX. Prefácio, p. 29.

[86] MARX. Miseria de la filosofía, p. 159.

[87] MARX. *O capital*, v. I, p. 93.

[88] MARX. Prefácio, p. 29.

[89] MARX. Miseria de la filosofía, p. 159.

[90] MARX. Miseria de la filosofía, p. 160.

[91] MARX. *Manuscritos:* economía y filosofía, p. 144.

[92] MARX. *O capital*, v. II, p. 802.

[93] MARX. *Manuscritos:* economía y filosofía, p. 156.

[94] MARX; ENGELS. *A ideologia alemã*, p. 82.

[95] MARX. *O capital*, v. III, p. 802.

[96] MARX; ENGELS. *A ideologia alemã*, p. 40-41.

[97] MARX; ENGELS. *A ideologia alemã*, p. 46.

BIBLIOGRAFIA

ENGELS, F. Carta a Bloch, 21/9/1890. In: MARX, K.; ENGELS, F. *Obras escogidas de Marx y Engels.* Madrid: Fundamentos, 1975. 2 V.

ENGELS, F. Ludwig Feuerbach y el fin de la filosofía clásica alemana. In: MARX, K.; ENGELS, F. *Obras escogidas de Marx y Engels.* Madrid: Fundamentos, 1975. 2 V.

HEGEL, Georg W. Friedrich. *A fenomenologia do espírito.* 2. ed. Tradução de Henrique Lima Vaz. São Paulo: Abril Cultural, 1980.

MANDEL, Ernest. *Tratado de economía marxista.* Tradução de Francisco Díez. México: Era, 1969. v. I.

MARX, K. Carta a Annenkov, 28/12/1846. In: MARX, K.; ENGELS, F. *Obras escogidas de Marx y Engels.* Madrid: Fundamentos, 1975. 2 V.

MARX, K. In: Carta a Weidemeyer, 5/3/1846. MARX, K.; ENGELS, F. *Obras escogidas de Marx y Engels.* Madrid: Fundamentos, 1975. 2 V.

MARX, K.; ENGELS, F. *Obras escogidas de Marx y Engels.* Madrid: Fundamentos, 1975. 2 V.

MARX, K. Crítica à economia política. In: _____. *Contribuição para a crítica da economia política.* Lisboa: Estampa, 1973.

MARX, K. Discurso no *People's Paper.* In: MARX, K.; ENGELS, F. *Obras escogidas de Marx y Engels.* Madrid: Fundamentos, 1975. 2 V.

MARX, K.; ENGELS, F. *A ideologia alemã*. Tradução de Conceição Jardim e Eduardo Nogueira. Lisboa: Presença/Martins Fontes, 1976. 2 V.

MARX, K.; ENGELS, F. *Manifesto do Partido Comunista*. In: _____. *Obras escogidas de Marx y Engels*. Madrid: Fundamentos, 1975. 2 V.

MARX, K; ENGELS, F. Teses contra Feuerbach. In: _____. *A ideologia alemã*. Tradução de Conceição Jardim e Eduardo Nogueira. Lisboa: Presença/ Martins Fontes, 1976. 2 V.

MARX, K. *El capital*. Crítica de la economía política. Tradução de Floreal Mazía. Buenos Aires: Cartago, 1973. 3 V.

MARX, Carlos. Introdução à crítica da economia política. In: _____. *Contribuição para a crítica da economia política*. Lisboa: Estampa, 1973.

MARX, K. *Manuscritos*: economía y filosofía. Tradução de Francisco Rubio Llorente. Madrid: Alianza Editorial, 1974.

MARX, K. *Miseria de la filosofía*. Respuesta a la filosofía de la miseria del señor Proudhon. Buenos Aires: Siglo XXI, 1974.

MARX, K. El dieciocho brumario de Luis Bonaparte. In: MARX, K.; ENGELS, F. *Obras escogidas de Marx y Engels*. Madrid: Fundamentos, 1975. 2 V.

MARX, K. Prefácio. In: _____. *Contribuição para a crítica da economia política*. Lisboa: Estampa, 1973.

MARX, K. Trabalho assalariado e capital. In: MARX, K.; ENGELS, F. *Obras escogidas de Marx y Engels*. Madrid: Fundamentos, 1975. 2 V.

MARX, K. *O capital*. [s.n.t.].

ÉMILE DURKHEIM 2

Tania Quintaneiro

As dificuldades práticas só podem ser definitivamente resolvidas através da prática
e da experiência cotidianas. Não será um
conselho de sociólogo, mas as próprias
sociedades que encontrarão a solução.

Émile Durkheim

INTRODUÇÃO

Émile Durkheim foi um dos pensadores que mais contribuiu para a consolidação da Sociologia como ciência empírica e para sua instauração no meio acadêmico, tornando-se o primeiro professor universitário dessa disciplina. Pesquisador metódico e criativo, deixou um considerável número de herdeiros intelectuais. O sociólogo francês viveu numa Europa conturbada por guerras e em vias de modernização, e sua produção reflete a tensão entre valores e instituições que estavam sendo corroídos e formas emergentes cujo perfil ainda não se encontrava totalmente configurado.

As referências necessárias para situar seu pensamento são, por um lado, a Revolução Francesa e a Revolução Industrial e, por outro, o manancial de ideias que, sobre esses mesmos acontecimentos, vinha sendo formado por autores como Saint-Simon e Comte. Entre os pressupostos constitutivos da atmosfera intelectual da qual se impregnaria a teoria sociológica durkhei-miana, cabe salientar a crença de que a humanidade avança no sentido de seu gradual aperfeiçoamento, governada por uma força inexorável: a lei do progresso. Esse princípio, herdado da filosofia iluminista, foi compartilhado por praticamente todos os autores do século 19, embora assumisse conotações particulares na obra de cada um deles. Aguçava-se, então, a consciência de que o repertório de ideias e valores da velha ordem social, do qual ainda sobreviviam alguns elementos, fora destruído pelo vendaval revolucionário de 1789 e que era, portanto, necessário criar um novo sistema científico e moral que se harmonizasse com a ordem industrial emergente. O industrialismo, com sua incontida força de transformação, impunha-se a todos como a marca decisiva da sociedade moderna. Por outro lado, difundia-se a concepção de que a vida coletiva não era apenas uma imagem ampliada da individual, mas um ser distinto, mais complexo, e irredutível às partes que o formam. Esse seria, precisamente, o objeto próprio das ciências sociais, e seu estudo demandava a utilização do método positivo, apoiado na observação, indução e experimentação, tal como vinham fazendo os cientistas naturais. Desse modo, as ciências da sociedade deveriam aspirar à formulação de proposições nomológicas, isto é, de leis que estabelecessem relações constantes entre fenômenos.

Durkheim recebe também a influência da filosofia racionalista de Kant, do darwinismo, do organicismo alemão e do socialismo de cátedra. Mas seu pensamento não apenas faz eco às ideias recebidas, senão que as refunde num novo sistema, chegando com frequência a contestar tendências intelectuais dominantes de seu tempo. Um dos alvos da crítica durkheimiana, em tal sentido, foi ao que chamou de individualismo utilitarista representado por Herbert Spencer, para quem a cooperação é o resultado espontâneo das ações que os indivíduos executam visando atender a seus interesses particulares. Durkheim via na ciência social uma expressão da consciência racional das sociedades modernas, mas não excluía o diálogo com a História, a Economia e a Psicologia, embora apontasse os limites de cada uma dessas disciplinas na explicação dos fatos sociais.

A ESPECIFICIDADE DO OBJETO SOCIOLÓGICO

A Sociologia pode ser definida, segundo Durkheim, como a ciência "das instituições, da sua gênese e do seu funcionamento", ou seja, de "toda crença, todo comportamento instituído pela coletividade".[1] Na fase positivista que marca o início de sua produção, considera que, para tornar-se uma ciência autônoma, essa esfera do conhecimento precisava delimitar seu objeto próprio: os *fatos sociais*. Tais fenômenos compreendem "toda maneira de agir fixa ou não, suscetível de exercer sobre o indivíduo uma coerção exterior; ou então ainda, que é geral na extensão de uma sociedade dada, apresentando uma existência própria, independente das manifestações individuais que possa ter",[2] as "maneiras de agir, de pensar e de sentir exteriores ao indivíduo, dotadas de um poder de coerção em virtude do qual se lhe impõem",[3] ou ainda "maneiras de fazer ou de pensar, reconhecíveis pela particularidade de serem suscetíveis de exercer influência coercitiva sobre as consciências particulares".[4] Assim, pois, o fato social é algo dotado de vida própria, externo aos membros da sociedade e que exerce sobre seus corações e mentes uma autoridade que os leva a agir, a pensar e a sentir de determinadas maneiras. É por isto que o "reino social" está sujeito a leis específicas e necessita de um método próprio para ser conhecido, diferentemente do que acontece no "reino psicológico" que pode ser entendido através da introspecção. Da perspectiva do autor, a sociedade não é o resultado de um somatório dos indivíduos vivos que a compõem ou de uma mera justaposição de suas consciências. Ações e sentimentos particulares, ao serem associados, combinados e fundidos, fazem nascer algo novo e exterior àquelas consciências e às suas manifestações. E ainda que o todo só se forme pelo agrupamento das partes, a associação "dá origem ao nascimento de fenômenos que não provêm diretamente da natureza dos elementos associados".[5] A sociedade, então, mais do que uma soma, é uma síntese e, por isso, não se encontra em cada um desses elementos, assim como os diferentes aspectos da vida não se acham decompostos nos átomos contidos na célula: a vida está no todo e não nas partes. As almas individuais agregadas geram um fenômeno *sui generis*, uma "vida psíquica de um novo gênero". Os sentimentos que caracterizam este ser têm uma força e uma peculiaridade que aqueles puramente individuais não possuem. Ele é a sociedade,

> o mais poderoso feixe de forças físicas e morais cujo resultado a natureza nos oferece. Em nenhuma parte encontra-se tal riqueza de materiais diversos levado a tal grau de concentração. Não é surpreendente, pois, que uma vida mais alta se desprenda dela e que, reagindo sobre os elementos dos quais resulta, eleve-os a uma forma superior de existência e os transforme.[6]

O grupo possui, portanto, uma mentalidade que não é idêntica à dos indivíduos, e os estados de consciência coletiva são distintos dos estados de consciência individual. Assim, "um pensamento encontrado em todas as consciências particulares ou um movimento que todos repetem não são por isso fatos sociais" mas suas encarnações individuais. Os fenômenos que constituem a sociedade têm sua origem na coletividade e não em cada um dos seus participantes. É nela que se deve buscar as explicações para os fatos sociais e não nas unidades que a compõem, porque

> as consciências particulares, unindo-se, agindo e reagindo umas sobre as outras, fundindo-se, dão origem a uma realidade nova que é a consciência da sociedade. (...) Uma coletividade tem as suas formas específicas de pensar e de sentir, às quais os seus membros se sujeitam, mas que diferem daquelas que eles praticariam se fossem abandonados a si mesmos. Jamais o indivíduo, por si só, poderia ter constituído o que quer que fosse que se assemelhasse à ideia dos deuses, aos mitos e aos dogmas das religiões, à ideia do dever e da disciplina moral etc.[7]

Os fatos sociais podem ser menos consolidados, mais fluidos, são as *maneiras de agir*. É o caso das correntes sociais, dos movimentos coletivos, das correntes de opinião "que nos impelem com intensidade desigual, segundo as épocas e os países, ao casamento, por exemplo, ao suicídio, a uma natalidade mais ou menos forte etc."[8] Outros fatos têm uma forma já cristalizada na sociedade, constituem suas *maneiras de ser*: as regras jurídicas, morais, dogmas religiosos e sistemas financeiros, o sentido das vias de comunicação, a maneira como se constroem as casas, as vestimentas de um povo e suas inúmeras formas de expressão. Eles são, por exemplo, os modos de circulação de pessoas e de mercadorias, de comunicar-se, vestir-se, dançar, negociar, rir, cantar, conversar etc. que vão sendo estabelecidos pelas sucessivas gerações. Apesar de seu caráter ser mais ou menos cristalizado, tanto as maneiras de ser quanto de agir são igualmente imperativas, coagem os membros das sociedades a adotar determinadas condutas e formas de sentir. Por encontrar-se fora dos indivíduos e possuir ascendência sobre eles, consistem em uma realidade objetiva, são fatos sociais.

Para tentar comprovar o caráter *externo* desses modos de agir, de pensar ou de sentir, Durkheim argumenta que eles têm que ser internalizados por meio de um processo educativo. Desde muito pequenas, lembra, as crianças são constrangidas (ou educadas) a seguir horários, a desenvolver certos comportamentos e maneiras de ser e, mais tarde, a trabalhar. Elas passam por uma *socialização* metódica e "é uma ilusão pensar que educamos nossos filhos como queremos. Somos forçados a seguir regras estabelecidas no meio social em que vivemos."[9] Com o tempo, as crianças vão adquirindo os hábitos que lhes são ensinados e deixando de sentir-lhes a coação, aprendem comportamentos e modos de sentir dos membros dos grupos dos quais participam. Por isso a educação "cria no homem um ser novo", insere-o em uma sociedade, leva-o a compartilhar com outros de uma certa escala de valores, sentimentos, comportamentos. Mais do que isso, nasce daí um ser superior àquele puramente natural. E se as maneiras de agir e sentir próprias de uma sociedade precisam ser transmitidas por meio da aprendizagem é porque são externas ao indivíduo.

> O devoto, ao nascer, encontra prontas as crenças e as práticas da vida religiosa; existindo antes dele, é porque existem fora dele. O sistema de sinais de que me sirvo para exprimir pensamentos, o sistema de moedas que emprego para pagar as dívidas, os instrumentos de crédito que utilizo nas minhas relações comerciais, as práticas seguidas na profissão etc. funcionam independentemente do uso que delas faço.[10]

As *representações coletivas* são uma das expressões do fato social. Elas compreendem os modos "como a sociedade vê a si mesma e ao mundo que a rodeia" como, por exemplo, a massa de indivíduos que a compõem, as coisas de que se utilizam e o solo que ocupam, representando-os através de suas lendas, mitos, concepções religiosas, ideais de bondade ou de beleza, crenças morais etc. Como se produzem as representações coletivas? Através de

> uma imensa cooperação que se estende não apenas no espaço mas no tempo também; para constituí-las, espíritos diversos associaram-se, misturaram e combinaram suas ideias e sentimentos; longas séries de gerações acumularam nelas sua experiência e sabedoria. Uma intelectualidade muito particular, infinitamente mais rica e mais complexa do que a do indivíduo está aí concentrada.[11]

Por serem mais estáveis do que as representações individuais, são a base em que se originam os *conceitos*, traduzidos nas palavras do vocabulário de uma comunidade, de um grupo ou de uma nação.

Outro componente fundamental do conjunto dos fatos sociais são os *valores* de uma sociedade. Eles também possuem uma realidade objetiva, independente do sentimento ou da importância que alguém individualmente lhes dá; não necessitam expressar-se por meio de uma pessoa em particular ou que esta esteja de acordo com eles. Como demonstração de que os fatos sociais são coercitivos e externos aos indivíduos, e de que exercem sobre todos uma autoridade específica, Durkheim refere-se aos obstáculos que deverá enfrentar quem se aventura a não atender a uma convenção mundana, a resistir a uma lei, a violar uma regra moral, a não usar o idioma ou a moeda nacional. Ele tropeçará com os demais membros da sociedade que tentarão impedi-lo, convencê-lo ou restringir sua ação, usarão de punições, da censura, do riso, do opróbrio e de outras sanções, incluindo a violência, advertindo-o de que está diante de algo que não depende dele. Quando optamos pela não-submissão, "as forças morais contra as quais nos insurgimos reagem contra nós e é difícil, em virtude de sua superioridade, que não sejamos vencidos. (...) Estamos mergulhados numa atmosfera de ideias e sentimentos coletivos que não podemos modificar à vontade."[12] Mas isso não significa que a única alternativa para o indivíduo seja prostrar-se impotente diante das regras sociais ou viver permanentemente consciente da pressão dos fatos sociais. Apesar da existência de dificuldades impostas por um poder contrário de origem social, apresentam-se comportamentos inovadores, e as instituições são passíveis de mudança desde que "vários indivíduos tenham, pelo menos, combinado a sua ação e que desta combinação se tenha desprendido um produto novo" que vem a constituir um fato social.[13] Assim, por exemplo, uma proposta pedagógica que esteja em conflito com a concepção de educação de seu tempo por conter "tendências do futuro, aspirações de um novo ideal", pode vencer os obstáculos e impor-se, tomando o lugar das ideias aceitas. A ação transformadora é tanto mais difícil quanto maior o peso ou a centralidade que a regra, a crença ou a prática social que se quer modificar possuam para a coesão social. Enquanto nas sociedades modernas, até mesmo os valores relativos à vida – o aborto, a clonagem humana, a pena de morte ou a eutanásia – podem ser postos em questão, em sociedades tradicionais, os inovadores enfrentam maiores e às vezes insuperáveis resistências. Por isso é que até mesmo "os atos qualificados de crimes não são os mesmos em toda parte", como se pode ver no exemplo a seguir:

> Segundo o direito ateniense, Sócrates era criminoso e sua condenação não deixou de ser justa. Todavia seu crime, isto é, a independência de seu pensamento, não foi útil apenas à humanidade como também à sua pátria, pois servia para preparar uma moral e uma fé novas de que os atenienses tinham necessidade então, porque as tradições nas quais tinham vivido até aquela época não estavam mais em harmonia com suas condições de existência. Ora, o caso de Sócrates não é isolado; reproduz-se periodicamente na história. A liberdade de pensamento de que gozamos atualmente jamais teria podido ser proclamada se as regras que a proibiam não tivessem sido violadas antes de serem solenemente repudiadas. Naquele momento, porém, a violação constituía crime, pois tratava-se de ofensa contra sentimentos ainda muito vivos na generalidade das consciências. (...) A liberdade filosófica teve por precursores toda espécie de heréticos que o braço secular justamente castigou durante todo o curso da Idade Média, até a véspera dos tempos contemporâneos.[14]

O MÉTODO DE ESTUDO DA SOCIOLOGIA SEGUNDO DURKHEIM

No estudo da vida social, uma das preocupações de Durkheim era avaliar qual método permitiria fazê-lo de maneira científica, superando as deficiências do senso comum. Conclui que ele deveria assemelhar-se ao adotado pelas ciências naturais, mas nem por isso ser o seu decalque, porque os fatos que a Sociologia examina pertencem ao reino social e têm peculiaridades que os distinguem dos fenômenos da natureza. Tal método deveria ser *estritamente sociológico*. Com base nele, os cientistas sociais investigariam possíveis relações de causa e efeito e regularidades com vistas à descoberta de leis e mesmo de "regras de ação para o futuro", observando fenômenos rigorosamente definidos.

> Primeiro, há que estudar a sociedade no seu aspecto exterior. Considerada sob esta perspectiva, ela surge como que constituída por uma massa de população, de uma certa densidade, disposta de determinada maneira num território, dispersa nos campos ou concentrada nas cidades etc.: ocupa um território mais ou menos extenso, situado de determinada maneira em relação aos mares e aos territórios dos povos vizinhos, mais ou menos atravessado por cursos de água e por diferentes vias de comunicação que estabelecem contato, mais ou menos íntimo, entre os habitantes. Este território, as suas dimensões, a sua

configuração e a composição da população que se movimenta na sua superfície são naturalmente fatores importantes na vida social; é o seu substrato e, assim como no indivíduo a vida psíquica varia consoante a composição anatômica do cérebro que lhe está na base, assim os fenômenos coletivos variam segundo a constituição do substrato social.[15]

Durkheim estabelece regras que os sociólogos devem seguir na observação dos fatos sociais.[16] A primeira delas e a mais fundamental é considerá-los como *coisas*. Daí seguem-se alguns corolários: afastar sistematicamente as prenoções; definir previamente os fenômenos tratados a partir dos caracteres exteriores que lhes são comuns; e considerá-los, independentemente de suas manifestações individuais, da maneira mais objetiva possível. Ele coloca em questão a conduta do investigador que, mesmo encontrando-se diante de uma realidade externa desconhecida, parece mover-se como se estivesse "entre coisas imediatamente transparentes ao espírito, tão grande é a facilidade com que o vemos resolver questões obscuras".[17] Com isso, o estudioso não faz mais do que expressar suas prenoções, as quais acabam tornando-se como um véu interposto entre as coisas e ele próprio. As proposições do autor, expostas em seu livro *As regras do método sociológico* acarretaram acaloradas discussões na época, obrigando-o a escrever um longo prefácio à segunda edição tendo em vista esclarecer sua posição inicial e em que reafirma:

> A coisa se opõe à ideia. (...) É coisa todo objeto do conhecimento que a inteligência não penetra de maneira natural (...) tudo o que o espírito não pode chegar a compreender senão sob a condição de sair de si mesmo, por meio da observação e da experimentação, passando progressivamente dos caracteres mais exteriores e mais imediatamente acessíveis para os menos visíveis e profundos.[18]

A *coisa* pode ser reconhecida

> pelo sintoma de não poder ser modificada por intermédio de um simples decreto da vontade. Não que seja refratária a qualquer modificação. Mas não é suficiente exercer a vontade para produzir uma mudança, é preciso além disso um esforço mais ou menos laborioso, devido à resistência que nos opõe e que, outrossim, nem sempre pode ser vencida.[19]

O sociólogo deve, portanto, ter a atitude mental e comportar-se diante dos fatos da mesma maneira que o faria qualquer cientista: considerar que se acha diante de objetos ignorados porque "as representações que podem ser formuladas no decorrer da vida, tendo sido efetuadas sem método nem crítica, estão destituídas de valor científico e devem ser afastadas".[20] Ele deve assumir que desconhece completamente o que são os fatos sociais, já que

> os homens não esperaram o advento da ciência social para formular ideias sobre o direito, a moral, a família, o Estado e a própria sociedade; pois não podiam

passar sem elas em sua existência. Ora, é sobretudo na Sociologia que as pré--noções, para retomar a expressão de Bacon, estão em estado de dominar os espíritos e de se substituir às coisas. Com efeito, as coisas sociais só se realizam através dos homens; são um produto da atividade humana. Não parecem, pois, constituir outra coisa senão a realização de ideias, inatas ou não, que trazemos em nós; não passam da aplicação dessas ideias às diversas circunstâncias que acompanham as relações dos homens entre si. A organização da família, do contrato, da repressão, do Estado, da sociedade aparecem assim como um simples desenvolvimento das ideias que formulamos a respeito da sociedade, do Estado, da justiça etc. Por conseguinte, tais fatos e outros análogos parecem não ter realidade senão nas ideias e pelas ideias; e como estas parecem o germe dos fatos, elas é que se tornam, então, a matéria peculiar à Sociologia.[21]

A dificuldade que o sociólogo enfrenta para libertar-se das falsas evidências, formadas fora do campo da ciência, deve-se a que influi sobre ele seu sentimento, sua paixão pelos objetos morais que examina. Mas, mesmo que tenha preferências, quando investiga, o sábio

se desinteressa pelas consequências práticas. Ele diz o que é; verifica o que são as coisas e fica nessa verificação. Não se preocupa em saber se as verdades que descubra são agradáveis ou desconcertantes, se convém às relações que estabeleça fiquem como foram descobertas, ou se valeria a pena que fossem outras. Seu papel é o de exprimir a realidade, não o de julgá-la.[22]

Por isso é que uma das bases da objetividade de uma ciência da sociedade teria que ser, necessariamente, a disposição do cientista social a colocar-se "num estado de espírito semelhante ao dos físicos, químicos e fisiologistas quando se aventuram numa região ainda inexplorada de seu domínio científico" assumindo, desse modo, sua ignorância, livrando-se de suas prenoções ou noções vulgares (já combatidas por Bacon) e adotando, enfim, a prática cartesiana da dúvida metódica. Essa atitude leva apenas à convicção de que

no estado atual dos nossos conhecimentos, não sabemos com certeza o que são Estado, soberania, liberdade política, democracia, socialismo, comunismo etc. e o método estatuiria a interdição do uso destes conceitos enquanto não estivessem cientificamente constituídos. E todavia os termos que os exprimem figuram sem cessar nas discussões dos sociólogos. São empregados correntemente e com segurança, como se correspondessem a coisas bem conhecidas e definidas, quando não despertam em nós senão misturas indistintas de impressões vagas, de preconceitos e de paixões.[23]

A DUALIDADE DOS FATOS MORAIS

As regras morais são fatos sociais e apresentam, consequentemente, as características já mencionadas. Inegavelmente coativas, elas, no entanto, mostram uma outra face, ao se apresentarem como "coisas agradáveis de que gostamos e que desejamos espontaneamente". Estamos ligados a elas "com todas as forças de nossa alma". A sociedade é nossa protetora e "tudo o que aumenta sua vitalidade eleva a nossa", por isso apreciamos tudo o que ela preza. A coação deixa, então, de ser sentida graças ao respeito que os membros de uma sociedade experimentam pelos ideais coletivos. O prestígio de que estão investidas certas representações deve-se a que

> somente uma sociedade constituída goza da supremacia moral e material indispensável para fazer a lei para os indivíduos; pois só a personalidade moral que esteja acima das personalidades particulares é que forma a coletividade. Somente assim ela tem a continuidade e mesmo a perenidade necessárias para manter a regra acima das relações efêmeras que a encarnam diariamente.[24]

Em suma, as regras morais possuem uma autoridade que implica a noção de dever e, em segundo lugar, aparecem-nos como desejáveis, embora seu cumprimento se dê com um esforço que nos arrasta para fora de nós mesmos, e que por isso mesmo eleva-nos acima de nossa própria natureza, mesmo sob constrangimento. As "crenças e práticas sociais agem sobre nós a partir do exterior", por isso, sua ascendência também é distinta daquela de que desfrutam nossos hábitos, os quais se encontram dentro de nós. O fato moral apresenta, pois, a mesma dualidade do sagrado que é, num sentido, "o ser proibido, que não se ousa violar; mas é também o ser bom, amado, procurado". Por isso,

> ao mesmo tempo que as instituições se impõem a nós, aderimos a elas; elas comandam e nós as queremos; elas nos constrangem, e nós encontramos vantagem em seu funcionamento e no próprio constrangimento. (...) Talvez não existam práticas coletivas que deixem de exercer sobre nós esta ação dupla, a qual, além do mais, não é contraditória senão na aparência.[25]

Embora a coação seja necessária para que o ser humano acrescente à sua natureza física, ultrapassando-a, uma outra e superior natureza – isto é, a social – ele tem também o prazer de partilhar interesses com outros membros da sociedade, de levar com eles uma mesma vida moral. Nessas passagens, Durkheim faz lembrar as considerações feitas por Rousseau no *Contrato social* sobre as vantagens que o ser humano obtém ao sair do estado de natureza. Vemos que, ao explicitar sua concepção de sociedade, o sociólogo francês mostra-nos uma realidade que tem vida própria, é como um ente superior, mais perfeito e que, afinal, antecede e sucede os indivíduos; independe deles e possui sobre eles uma autoridade que, embora constrangendo-os, eles amam. Enfim, é ela que lhes concede humanidade e "não poderíamos pretender sair da sociedade sem querermos deixar de ser homens".[26]

Contudo, os ideais que congregam os membros dos grupos sociais devem ser periodicamente revificados a fim de que não se debilitem. Isso acontece nas ocasiões que aproximam as pessoas, tornando mais frequentes e intensas as relações entre elas, como ocorre durante movimentos coletivos, por meio do reforço exuberante da vida social, e tal

> reconstituição moral não pode ser obtida senão por meio de reuniões, de assembleias, de congregações onde os indivíduos, estreitamente próximos uns dos outros, reafirmam em comum seus sentimentos comuns, daí as cerimônias que, por seu objeto, pelos resultados que produzem, pelos procedimentos que empregam, não diferem em natureza das cerimônias propriamente religiosas. Qual é a diferença essencial entre uma assembleia de cristãos celebrando as datas principais da vida de Cristo, ou de judeus celebrando a saída do Egito ou a promulgação do decálogo, e uma reunião de cidadãos comemorando a instituição de uma nova constituição moral ou algum grande acontecimento da vida nacional?[27]

Durkheim refere-se a essa necessidade de revigorar os ideais coletivos como a razão de muitos dos ritos religiosos que voltam a reunir os fiéis, antes dispersos e isolados, para fazer renascer e alentar neles as crenças comuns. A sociedade refaz-se moralmente, reafirma os sentimentos e ideias que constituem sua unidade e personalidade. Isso garante a coesão, vitalidade e continuidade do grupo, e assegura energia a seus membros. A França instituiu "todo um ciclo de festas para manter em estado de juventude perpétua" os princípios nos quais se inspirara a Revolução.[28] Mas o que faz com que os homens mantenham-se em sociedade, ou seja, por que os agrupamentos humanos não costumam desfazer-se facilmente e, ao contrário, desenvolvem mecanismos para lutar contra ameaças de desintegração?

COESÃO, SOLIDARIEDADE E OS DOIS TIPOS DE CONSCIÊNCIA

Conquanto não tenha sido o primeiro a apresentar explicação para o problema, Durkheim elaborou o conceito de *solidariedade social*, procurou mostrar como se constitui e se torna responsável pela coesão entre os membros dos grupos, e de que maneira varia segundo o modelo de organização social. Para tanto, levou em conta a existência de maior ou menor divisão do trabalho. Segundo o autor, possuímos duas consciências: "Uma é comum com todo o nosso grupo e, por conseguinte, não representa a nós mesmos, mas a sociedade agindo e vivendo em nós. A outra, ao contrário, só nos representa no que temos de pessoal e distinto, nisso é que faz de nós um indivíduo."[29] Em outras palavras, existem em nós dois seres: um, individual, "constituído de todos os estados mentais que não se relacionam senão conosco mesmo e com os acontecimentos de nossa vida pessoal", e outro que revela em nós a mais alta realidade, "um sistema de ideias, sentimentos e de hábitos que exprimem em nós (...) o grupo ou os grupos diferentes de que fazemos parte; tais são as crenças religiosas, as crenças e as práticas morais, as tradições nacionais ou profissionais, as opiniões coletivas de toda espécie. Seu conjunto forma o ser social."[30] E, na medida em que o indivíduo participa da vida social, supera-se a si mesmo. O objetivo da instrução pública, por exemplo, é constituir a consciência comum, formar cidadãos para a sociedade e não operários para as fábricas ou contabilistas para o comércio, "o ensino deve portanto ser essencialmente moralizador; libertar os espíritos das visões egoístas e dos interesses materiais; substituir a piedade religiosa por uma espécie de piedade social".[31]

Essa *consciência comum* ou *coletiva* corresponde ao "conjunto das crenças e dos sentimentos comuns à média dos membros de uma mesma sociedade [que] forma um sistema determinado que tem vida própria".[32] Ela produz "um mundo de sentimentos, de ideias, de imagens" e independe das maneiras pelas quais cada um dos membros dessa sociedade venha a manifestá-la porque tem uma realidade própria e de outra natureza. A consciência comum recobre "áreas" de distintas dimensões na consciência total das pessoas, o que depende de que seja ou *segmentar* ou *organizado* o tipo de sociedade na qual aquelas se inserem. Quanto mais extensa é a consciência coletiva, mais a coesão entre os participantes da sociedade examinada refere-se a uma "conformidade de todas as consciências particulares a um tipo comum", o que faz com que todas se assemelhem e, por isso, os membros do grupo sintam-se atraídos pelas similitudes uns com os outros, ao mesmo tempo que a sua individualidade é menor. Ainda assim,

> a consciência moral da sociedade não é encontrada por inteiro em todos os indivíduos e com suficiente vitalidade para impedir qualquer ato que a ofendesse, fosse este uma falta puramente moral ou propriamente um crime. (...) Uma uniformidade tão universal e tão absoluta é radicalmente impossível (...) mesmo entre os povos inferiores, em que a originalidade individual está muito pouco desenvolvida, esta não é todavia nula. Assim então, uma vez que não pode existir sociedade em que os indivíduos não divirjam mais ou menos do tipo coletivo, é inevitável também que, entre estas divergências, existam algumas que apresentem caráter criminoso.[33]

Nas sociedades onde se desenvolve uma divisão do trabalho, a consciência comum passa a ocupar uma reduzida parcela da consciência total, permitindo o desenvolvimento da personalidade.

Quanto mais o meio social se amplia, menos o desenvolvimento das divergências privadas é contido. Mas, entre as divergências, existem aquelas que são específicas de cada indivíduo, de cada membro da família, elas mesmas tornam-se sempre mais numerosas e mais importantes à medida que o campo das relações sociais se torna mais vasto. Ali, então, onde elas encontram uma resistência débil, é inevitável que elas se provenham de fora, se acentuem, se consolidem, e como elas são o âmago da personalidade individual, esta vai necessariamente se desenvolver. Cada qual, com o passar do tempo, assume mais sua fisionomia própria, sua maneira pessoal de sentir e pensar.[34]

Mas a diferenciação social não diminui a coesão... Ao contrário, faz com que "a unidade do organismo seja tanto maior quanto mais marcada a individualidade das partes". Uma solidariedade ainda mais forte funda-se agora na interdependência e na individuação dos membros que compõem essas sociedades! Durkheim estabelece aí uma analogia com a atração que aproxima homem e mulher que, por serem dessemelhantes, completam-se e formam um todo através de sua união.[35] Enquanto os "sentimentos de simpatia cuja fonte é a semelhança" levam a uma aglutinação dos membros, nas sociedades com acentuada divisão do trabalho, o relacionamento social supõe uma interdependência baseada na especialização de tarefas. Nesse caso, o equilíbrio e a solidariedade originam-se na própria diferenciação, constituindo fortes laços que unem às sociedades orgânicas os seus membros.

A divisão do trabalho não é específica do mundo econômico: ela se encontra em outras áreas da sociedade, como nas funções políticas, administrativas, judiciárias, artísticas, científicas etc. Embora a educação exprima os elementos comuns que toda sociedade necessariamente possui – como as ideias a respeito da natureza humana, do dever e do progresso que formam a base do espírito nacional – ela também colabora nessa diferenciação, já que cada profissão "reclama aptidões particulares e conhecimentos especiais". Onde existe uma divisão do trabalho desenvolvida, a sociedade não tem como regulamentar todas as funções que engendra e, portanto, deixa descoberta uma parcela da consciência individual: a esfera de ação própria de cada um dos membros. À medida que a comunidade ocupa um lugar menor, abre-se espaço para o desenvolvimento das dessemelhanças, da individualidade, da personalidade autônoma.

OS DOIS TIPOS DE SOLIDARIEDADE

Os laços que unem os membros entre si e ao próprio grupo constituem a *solidariedade*, a qual pode ser *orgânica* ou *mecânica*, de acordo com o tipo de sociedade cuja coesão procuram garantir. Quando tais vínculos assemelham-se aos que ligam um déspota aos seus súditos, a natureza destes é análoga à dos laços que unem um proprietário a seus bens: não são recíprocos mas, sim, "mecânicos". O indivíduo não se pertence, é "literalmente uma coisa de que a sociedade dispõe".[36] A solidariedade é chamada mecânica quando "liga diretamente o indivíduo à sociedade, sem nenhum intermediário", constituindo-se de "um conjunto mais ou menos organizado de crenças e sentimentos comuns a todos os membros do grupo: é o chamado *tipo coletivo*". Isso significa que não encontramos ali aquelas características que diferenciam tão nitidamente uns dos outros os membros de uma sociedade, a ponto de podermos chamá-los de *indivíduos*. Suas consciências se assemelham, eles são pouco ou quase nada desiguais entre si e por isso a solidariedade entre eles deve-se às similitudes que compartilham. Até mesmo a propriedade de bens não pode ser individual, o que só vem a acontecer quando o indivíduo desliga-se e distingue-se da massa. Nas sociedades onde essas ligações predominam, a própria educação é difusa, não há mestres, e "as ideias e as tendências comuns a todos os membros da sociedade ultrapassam em número e intensidade aquelas que pertencem a cada um deles pessoalmente".[37]

A parcela de responsabilidade que a solidariedade mecânica tem na integração social depende da extensão da vida social que ela abrange e que é regulamentada pela consciência comum. O estabelecimento de um poder absoluto – ou seja, a existência de um chefe situado "muito acima do resto dos homens", que encarna a extraordinária autoridade emanada da consciência comum – embora já seja uma primeira divisão do trabalho no seio das sociedades primitivas não muda ainda a natureza de sua solidariedade, porque o chefe não faz mais do que unir os membros à imagem do grupo que ele próprio representa. Esse tipo de sociedade, na qual a coesão resulta "exclusivamente das semelhanças compõe-se de uma massa absolutamente homogênea, cujas partes não se distinguiriam umas das outras", é um agregado informe: a *horda*, um tipo de sociedade *simples* ou *não-organizada*.

Quando a sociedade passa a ser formada por um conjunto de hordas, que são seus segmentos, é sinal que se tornou mais complexa e passa a chamar-se *clã*. Esse é um tipo de *sociedade polissegmentar simples* – agregado homogêneo, de natureza familiar e política, fundado numa forte solidariedade mecânica. A dissolução das sociedades segmentares é concomitante à formação de sociedades *parciais* no seio da sociedade global. Nesse processo, dá-se uma aproximação entre os membros que a formam, "a vida social generaliza-se em lugar de concentrar-se numa quantidade de pequenos lares distintos e semelhantes", reduzem-se os "vácuos morais" que separavam as pessoas e, com isso, as relações sociais tornam-se mais numerosas e se estendem. Esse é o resultado de um aumento da *densidade moral e dinâmica*. Com a intensificação das relações sociais, os participantes dessas sociedades passam a estar em contato suficiente entre si, e desse modo reagem aos demais desde o ponto de vista *moral*, e "não apenas trocam serviços ou fazem concorrência uns aos outros, mas vivem uma vida comum".[38]

Concomitantemente, desenvolve-se uma *densidade material* – concentra-se a população, formam-se cidades, aumenta a natalidade e também as "vias de comunicação e transmissão rápidas e em quantidade que, suprimindo ou diminuindo os vazios que separam os segmentos sociais, aumentam a densidade da sociedade".[39] A condensação da sociedade, ao multiplicar as relações intersociais, leva ao progresso da divisão do trabalho. À medida que se acentua a divisão do trabalho social, a solidariedade mecânica se reduz e é gradualmente substituída por uma nova: a *solidariedade orgânica* ou *derivada da divisão do trabalho*. Institui-se então um processo de individualização dos membros dessa sociedade que passam a ser solidários por terem uma esfera própria de ação. Com isso ocorre uma interdependência entre todos e cada um dos demais membros que compõem tal sociedade. A função da divisão do trabalho é, enfim, a de integrar o corpo social, assegurar-lhe a unidade. É, portanto, uma condição de existência da sociedade organizada, uma necessidade. Sendo esta sociedade "um sistema de funções diferentes e especiais", onde cada órgão tem um papel diferenciado, a função que o indivíduo desempenha é o que marca seu lugar na sociedade, e os grupos formados por pessoas unidas por afinidades especiais tornam-se órgãos, e "chegará o dia em que toda organização social e política terá uma base exclusivamente ou quase exclusivamente profissional".[40] Daí deriva a ideia de que a individuação é um processo intimamente ligado ao desenvolvimento da divisão do trabalho social e a uma classe de consciência que gradativamente ocupa o lugar da consciência comum e que só ocorre quando os membros das sociedades se diferenciam. E é esse mesmo processo que os torna interdependentes. Segundo Durkheim, somente existem *indivíduos* no sentido moderno da expressão quando se vive numa sociedade altamente diferenciada, ou seja, onde a divisão do trabalho está presente, e na qual a *consciência coletiva* ocupa um espaço já muito reduzido em face da *consciência individual*.

Essas duas formas de solidariedade evoluem em razão inversa: enquanto uma progride, a outra se retrai, mas cada uma delas, a seu modo, cumpre a função de assegurar a coesão social nas sociedades simples ou complexas. Onde a solidariedade social

> é forte, inclina fortemente os homens entre si, coloca-os em frequente contato, multiplica as ocasiões que têm de se relacionarem. (...) Quanto mais solidários são os membros de uma sociedade, mais relações diversas sustentam, seja entre si, seja com o grupo tomado coletivamente, porque se os seus encontros fossem raros eles não dependeriam uns dos outros senão de maneira frágil e intermitente.[41]

OS INDICADORES DOS TIPOS DE SOLIDARIEDADE

Durkheim utiliza-se da predominância de certas normas do Direito como *indicador* da presença de um ou do outro tipo de solidariedade, já que esta, por ser um fenômeno moral, não pode ser diretamente observada. Não obstante se sustente nos costumes difusos, o Direito é uma forma estável e precisa, e serve, portanto, de fator externo e objetivo que simboliza os elementos mais essenciais da solidariedade social. Por outro lado, as sanções que são aplicadas aos preceitos do Direito mudam de acordo com a gravidade destes, sendo assim possível estudar suas variações. O papel do Direito seria, nas sociedades complexas, análogo ao do sistema nervoso: regular as funções do corpo. Por isso expressa também o grau de concentração da sociedade devido à divisão do trabalho social, tanto quanto o sistema nervoso exprime o estado de concentração do organismo gerado pela divisão do trabalho fisiológico, isto é, sua complexidade e desenvolvimento. Enquanto as sanções impostas pelo costume são difusas, as que se impõem através do Direito são organizadas. Elas constituem duas classes: as *repressivas* – que infligem ao culpado uma dor, uma diminuição, uma privação; e as *restitutivas* – que fazem com que as coisas e relações perturbadas sejam restabelecidas à sua situação anterior, levando o culpado a reparar o dano causado. A maior ou menor presença de regras repressivas pode ser atestada através da fração ocupada pelo Direito Penal ou Repressivo no sistema jurídico da sociedade.

Naquelas sociedades onde as similitudes entre seus componentes são o principal traço, um comportamento desviante é punido por meio de ações que têm profundas raízes nos costumes. Os membros dessas coletividades participam conjuntamente de uma espécie de vingança contra aqueles que violaram algum forte sentimento compartilhado que tenha para a sociedade a função central de assegurar sua unidade. Sendo a consciência coletiva tão significativa e disseminada, feri-la é uma violência que atinge a todos aqueles que se sentem parte dessa totalidade. O crime provoca uma ruptura dos elos de solidariedade, e sua incontestável reprovação serve, do ponto de vista da sociedade em questão, para confirmar e vivificar valores e sentimentos comuns e, desde uma perspectiva sociológica, permite demonstrar que alguns valores possuem a função de assegurar a existência da própria associação. A vingança é exercida contra o agressor na mesma intensidade com que a violação por ele perpetrada atingiu uma crença, uma tradição, uma prática coletiva, um mito ou qualquer outro componente mais ou menos essencial para a garantia da continuidade daquela sociedade.

Nas sociedades primitivas é a assembleia do povo que faz justiça sem intermediários. Os sentimentos coletivos estão profundamente gravados em todas as consciências, são enérgicos e incontestes, e assim também sua punição. Os *crimes* são, portanto, atos que ou manifestam diretamente uma dessemelhança demasiado violenta entre o agente que o executou e o tipo social, ou então ofendem o órgão da consciência comum. Tanto num caso como no outro, a força atingida pelo crime e a que o repele é a mesma; ela é um produto das similitudes sociais mais essenciais e tem por efeito manter a coesão social que resulta dessas similitudes.[42]

Aqueles que ameaçam ou abalam a unidade do corpo social devem ser punidos a fim de que a coesão seja protegida. Assim a pena "não serve, ou só serve secundariamente, para corrigir o culpado ou para intimidar seus possíveis imitadores!" Ela existe para sustentar a vitalidade dos laços que ligam entre si os membros dessa sociedade, evitando que se relaxem e debilitem, assim, a solidariedade que mantém unidos tais membros. E "todo estado forte de consciência é uma fonte de vida, é um fator essencial de nossa vitalidade geral".[43] Por conseguinte, embora pareça paradoxal, "o castigo destina-se sobretudo a influir sobre as pessoas honestas".[44] Sendo o resultado de reações mecânicas, de movimentos passionais, e demonstrando a forte intolerância em relação a determinados atos, a punição não é, em si, uma mera crueldade, mas visa principalmente evitar que a coesão social seja fragilizada. Ela é uma forma de proteção, e a cólera que suscita é a mobilização das reservas passionais que asseguram o estado de paz. "Quando reclamamos a repressão ao crime, não somos a nós que queremos pessoalmente vingar, mas a algo de sagrado que sentimos, mais ou menos confusamente fora e acima de nós."[45] A ofensa atinge uma autoridade que transcende o indivíduo e, para Durkheim, não existe força moral superior àquele que não seja a força coletiva. Mas o conteúdo das regras morais não deixa de variar historicamente. Por isso,

> o homicídio constitui um ato odioso em tempos normais e não o é em tempo de guerra, porque não há nesse caso um preceito que o proíba. Isto é, um ato, intrinsecamente o mesmo, que pode ser condenado hoje por um país europeu, não tê-lo sido na Grécia simplesmente porque não violava, pois, nenhuma norma preestabelecida.[46]

Às vezes a pena sobrepassa os culpados e atinge inocentes – como sua família – porque, sendo baseada na paixão, pode estender-se incontrolavelmente, de maneira mecânica e irracional. É uma grosseira arma defensiva contra a ameaça, é obra da vingança, atua com ímpeto passional.

Já numa sociedade onde se desenvolveu uma divisão do trabalho, as tarefas específicas a certos setores já não são comuns a todos, e tampouco poderiam sê-lo os sentimentos que seu descumprimento gera. Aquele que é acusado de não observar um contrato não é humilhado, nem aviltado, nem revolta a opinião pública, a qual, às vezes, até desconhece as razões para a condenação. Embora possa haver entre as regras específicas de cada um desses setores originados com a divisão do trabalho algumas relações sujeitas ao Direito Penal, elas em geral são estranhas ou atingem debilmente a consciência comum. Elas constituem o Direito Civil, Comercial, Processual,

Administrativo e Constitucional. Este conjunto de regras é tão especializado que é necessário criar a cada vez novos órgãos para executá-las. Ao contrário do Direito Penal ou Repressivo, que corresponde ao "coração" da sociedade, o Direito Cooperativo e as sanções restitutivas que dele derivam aplicam--se a círculos especiais nas sociedades onde impera a divisão do trabalho social. Eles sobrepujam a consciência coletiva. Diante da ocorrência de uma perturbação nessas funções divididas, o Direito Cooperativo ou Restitutivo é chamado a contribuir para o pronto restabelecimento do anterior estado de coisas.

A sociedade é, portanto, capaz de cobrar ações resolutas de seus membros tendo em vista a autopreservação, por isso pode exigir que, em nome dessa coesão, eles abdiquem da própria vida. É a partir de considerações como essa que Durkheim propõe uma análise do suicídio enquanto fato social. O que torna a discussão instigante é que o fenômeno não é analisado com base em motivações exclusivamente privadas, como em geral se faz. O autor parte da seguinte reflexão:

> Considerando que o suicídio é um ato da pessoa e que só a ela atinge, tudo indica que deva depender exclusivamente de fatores individuais e que sua explicação, por conseguinte, caiba tão somente à psicologia. De fato, não é pelo temperamento do suicida, por seu caráter, por seus antecedentes, pelos fatos da sua história privada que em geral se explica a sua decisão?[47]

Daí procurará demonstrar de que modo o conjunto desses fenômenos poderá ser tomado como um fato novo e *sui generis*, resultante de fatores de origem social que chama de "correntes suicidogêneas", verdadeiros estímulos que atuariam sobre os indivíduos, exortando-os, exigindo-lhes ou possibilitando que eles procurem a própria morte. Com base no exame de estatísticas europeias, o autor argumenta que a evolução do suicídio se dá por ondas de movimento que constituem taxas nacionais constantes durante longos períodos, embora variem de uma para outra sociedade. Como propugna em seu método, deve-se começar por uma definição objetiva de suicídio – "todo caso de morte que resulte direta ou indiretamente de um ato positivo ou negativo praticado pela própria vítima, sabedora de que devia produzir esse resultado".[48] Delimitado o fato que se pretende investigar, passa-se a considerá-lo como um fenômeno coletivo, tomando dados relativos às sociedades onde ocorrem para encontrar regularidades e construir uma taxa específica para cada uma delas.[49] A partir de uma tipologia dos suicidas, Durkheim procurou, uma vez mais, distinguir a Sociologia de outras ciências que têm o homem como objeto. Portanto, aqueles que buscam explicar o suicídio com base na consideração de casos isolados não chegam à sua causa geradora que é exterior aos indivíduos. Cada grupo social tem uma disposição coletiva para o suicídio, e desta derivam as inclinações individuais. Ela deriva de "correntes de egoísmo, de altruísmo ou de anomia que afligem a sociedade... com as tendências à melancolia langorosa, à renúncia ativa ou à fadiga exasperada que são as consequências das referidas correntes".[50] Em geral, essas três correntes compensam-se mutuamente e mantêm os indivíduos estáveis. A ultrapassagem por parte de qualquer delas de seu grau normal de intensidade pode expor alguns membros a formas de suicídio que dependem da configuração particular desse desequilíbrio. Certas condições sociais, profissões ou confissões religiosas é que estimulariam os indivíduos a ir adiante ou ajudariam a contê-los. A influência das conjunturas particulares – que são, em geral, tomadas por causas imediatas do suicídio – não passam de "ressonâncias do estado moral da sociedade". As causas do suicídio são, portanto, objetivas, exteriores aos indivíduos. Elas são tendências coletivas, "forças tão reais quanto as forças cósmicas, embora de outra natureza".[51] A maior coesão e vitalidade das instituições às quais a pessoa está ligada – a intensidade com que se manifesta a solidariedade em seu grupo religioso, a solidez dos laços que a unem à sua família, ou a força dos valores e sentimentos que a vinculam à sociedade política – contribuem para preservá-la de cometer um ato dessa natureza. Sob tais condições, as sociedades religiosa, doméstica e política podem exercer sobre o suicídio uma influência moderadora. Ao se constituírem em sociedades fortemente integradas, elas protegem seus membros. Durkheim considera, por exemplo, que os grupos religiosos minoritários, que precisam lutar contar a hostilidade e intolerância de outros cultos, acabam por exercer controle e disciplina mais severos e, portanto, submetem seus membros a uma maior moralidade, o que reduz a taxa de suicídio entre eles. Caso uma sociedade venha sofrer um processo de desintegração, o indivíduo que dela faz parte pode sentir-se estimulado a suicidar-se, já que

> quanto mais se enfraqueçam os grupos sociais a que ele pertence, menos ele dependerá deles e cada vez mais, por conseguinte, dependerá apenas de si mesmo para reconhecer como regras de conduta tão somente as que se calquem nos seus interesses particulares. Se, pois, concordamos em chamar de egoísmo a esta situação em que o ego individual se afirma com excesso diante do eu social e em detrimento deste último, poderemos designar de egoísta o tipo particular de suicídio que resulta de uma individuação descomedida.[52]

A depressão, a melancolia, a sensação de desamparo moral provocadas pela desintegração social tornam-se, então, causas do suicídio *egoísta*. Durkheim acreditava que a lacuna gerada pela carência de vida social era maior nos povos modernos do que entre os primitivos e afligia os homens mais do que as mulheres. Por isso, acredita que uma mulher viúva ou solteira suportaria melhor a solidão, porque as necessidades femininas, mais rudimentares nos aspectos sociais, seriam satisfeitas nessa área com "poucos gastos" em relação às dos homens, socialmente mais complexos.

Nas sociedades inferiores, os suicídios mais frequentes eram os *altruístas*, que compreendem os praticados por enfermos ou pessoas que chegaram ao limiar da velhice, por viúvas por ocasião da morte do marido, por fiéis e servidores com o falecimento de seus chefes, ou os atos heroicos durante guerras ou convulsões sociais. O suicídio é visto então como um dever que, se não for cumprido, é punido pela desonra, perda da estima pública ou por castigos religiosos. Mais uma vez é a sociedade que intervém para a ocorrência do fenômeno analisado. Se no tipo egoísta ela afrouxa seus laços a ponto de deixar o indivíduo escapar, neste segundo o ego da pessoa não lhe pertence, situando-se num dos grupos de que ela faz parte, como a família, o Estado ou a Igreja. Nas sociedades modernas, a ocorrência do suicídio altruísta dá-se entre mártires religiosos e, de maneira crônica, entre os militares, já que a sociedade militar expressa, em certos aspectos, uma sobrevivência da moral primitiva e da estrutura das sociedades inferiores, além de promover uma fraca individuação, estimulando a impessoalidade e a abnegação.

O terceiro tipo – o suicídio *anômico* – é aquele que se deve a uma situação de desregramento social devido ao qual as normas estão ausentes ou perderam o respeito. A sociedade deixa de estar presente o suficiente para regular as paixões individuais, deixando-as correr desenfreadas. Esta é a situação característica das sociedades modernas.

> De fato, há um século, o progresso econômico tem consistido principalmente em libertar as relações industriais de toda e qualquer regulamentação. Até recentemente, um sistema inteiro de poderes morais tinha por função discipliná-las. Havia, em primeiro lugar, a religião, cuja influência se fazia sentir igualmente entre operários e patrões, entre pobres e ricos. Consolava os primeiros e os ensinava a se conformarem com a sua sorte ao lhes pregar que a ordem social é providencial, que o quinhão de cada classe foi determinado por Deus, e fazendo com que esperassem de um mundo futuro as justas compensações pelas desigualdades existentes neste. Moderava os segundos, lembrando-lhes que os interesses terrestres não são a essência do homem, logo devem estar subordinados a outros mais elevados e que, por conseguinte, não merecem ser buscados sem comedimento.[53]

Sentia Durkheim a necessidade de uma nova moralidade que se desenvolvesse a uma velocidade semelhante àquela em que se dava o crescimento industrial e econômico de modo a controlar os afetos. Quando, numa sociedade organizada, acontece de os contatos entre os órgãos sociais serem insuficientes ou pouco duradouros, surge uma situação de desequilíbrio: o sentimento de interdependência se amortece, as relações ficam precárias e as regras indefinidas, vagas. Este é o *estado de anomia*, o qual, é "impossível onde os órgãos solidários estão em contato suficiente e suficientemente prolongado" já que, ao ser contíguos, a todo momento percebem a necessidade que têm uns dos outros e, por conseguinte, têm um sentimento vivo e contínuo de sua mútua dependência. Pelo mesmo motivo, os intercâmbios se dão entre eles com facilidade; sendo regulares, são também frequentes, regularizam-se por si mesmos e o tempo termina pouco a pouco a obra de consolidação. Finalmente, como as menores reações podem ser sentidas numa parte e na outra, as normas que assim se formam levam sua marca, isto é, preveem e fixam até o detalhe as condições de equilíbrio.[54]

O estado de anomia ou de desregramento pode ser melhor compreendido quando referido às consequências do crescimento desordenado da indústria. Antes, o poder temporal e as regulamentações impostas pelas corporações de ofícios diminuíam o ímpeto da industrialização e, embora fossem formas de organização inadequadas para a sociedade contemporânea, nada veio a ocupar o seu lugar. Por isso é que a ocorrência de uma crise econômica ou de mudanças súbitas nas crenças vigentes em uma sociedade podem impedi-la de cumprir sua função reguladora, disciplinar e, desse modo, a condição de anomia vir a tornar-se normal. Se alguém é lançado por um desastre econômico a uma situação inferior pode não ter tempo para aprender a conter suas necessidades, refazendo sua educação moral. Um brusco aumento de riqueza ou de poder tende a levar ao mesmo desajuste, passando a não haver nada a que a pessoa não tenha pretensões: seus apetites não têm mais limites, seus fracassos e crises multiplicam-se, e as restrições parecem-lhe insuportáveis. O divórcio, aliado ao afrouxamento do controle social, pode também levar à anomia, rompendo o estado de equilíbrio moral dos indivíduos.

É entre as funções industriais e comerciais que se registram mais suicídios – dada a sua frágil e incipiente moralidade – e os patrões são provavelmente os mais atingidos pelo tipo chamado de anômico. Segundo Durkheim, os países pobres desfrutam de uma singular imunidade a esse tipo de suicídio, já que a pobreza constitui um freio ao que se quer ter e, assim,

> menos se é levado a estender sem limites o círculo das necessidades. A impotência, obrigando-nos à moderação, a ela nos habitua, além do que, onde a mediocridade é geral, nada vem acicatar a cobiça. A riqueza, pelo contrário, pelos poderes que confere, nos dá a ilusão de que só dependemos de nós mesmos. Ora, quanto menos limitados nos sentimos, tanto mais toda limitação nos parece intolerável.[55]

MORALIDADE E ANOMIA

Os equívocos identificados por Durkheim nas interpretações utilitaristas a respeito das causas do estado doentio que se observava nas sociedades modernas levaram-no a enfatizar, em sua tese *A divisão do trabalho social*, a importância dos fatos morais na integração dos homens à vida coletiva.

> Moral (...) é tudo o que é fonte de solidariedade, tudo o que força o indivíduo a contar com seu próximo, a regular seus movimentos com base em outra coisa que não os impulsos de seu egoísmo, e a moralidade é tanto mais sólida quanto mais numerosos e fortes são estes laços.[56]

Ele acreditava que a França encontrava-se mergulhada numa crise devido ao vazio provocado pelo desaparecimento dos valores e das instituições "protetoras" e envolventes do mundo feudal, como as corporações de ofícios. Conflitos e desordens seriam os sintomas da anomia jurídica e moral presentes na vida econômica, cujo progresso sem precedentes não tinha sido acompanhado pelo desenvolvimento de instituições dotadas de uma autoridade capacitada a regulamentar os interesses e estabelecer limites. A própria moral profissional encontrava-se ainda num nível rudimentar. Quando a sociedade é perturbada por uma crise, torna-se momentaneamente incapaz de exercer sobre seus membros o papel de freio moral, de uma consciência superior à dos indivíduos. Estes deixam, então, de ser solidários, e a própria coesão social se vê ameaçada porque

> as tréguas impostas pela violência são provisórias e não pacificam os espíritos. As paixões humanas não se detém senão diante de um poder moral que respeitem. Se toda autoridade desse tipo faz falta, é a lei do mais forte que reina e, latente ou agudo, o estado de guerra é necessariamente crônico.[57]

A referência implícita aqui é à ideia de "estado de natureza", objeto das considerações de Hobbes durante o século 17. Durkheim reconhece que a anarquia é dolorosa, os indivíduos sofrem com os conflitos e desordens, e com a sensação de hostilidade geral e de desconfiança mútua quando eles se tornam crônicos.

O mundo moderno caracterizar-se-ia por uma redução na eficácia de determinadas instituições integradoras como a religião e a família, já que as pessoas passam a agrupar-se segundo suas atividades profissionais. A família não possui mais a antiga unidade e indivisibilidade, tendo diminuído a sua influência sobre a vida privada, o Estado mantém-se distante dos indivíduos, tendo "com eles relações muito exteriores e muito intermitentes para que lhe seja possível penetrar profundamente nas consciências individuais e socializá-las interiormente".[58] Por outro lado, a diversidade de correntes de pensamento torna as religiões pouco eficazes nesses aspectos, na medida em que não mais subordinam completamente o fiel, subsumindo-o no sagrado. Com isso, a profissão assume importância cada vez maior na vida social, tornando-se herdeira da família, substituindo-a e excedendo-a. Mas ela própria somente é regulada no interior da esfera de suas próprias atividades. Por isso é que Durkheim procurou no campo do trabalho, nos grupos profissionais, um lugar de reconstrução da solidariedade e da moralidade integradoras das quais lhe pareciam tão carentes as sociedades industriais. Nesse caso, o grupo profissional ou corporação cumpriria as duas condições necessárias para a regulamentação da vida social, então anárquica, já que estaria interessado na vida econômica e tem uma perenidade ao menos igual à da família. Ao mesmo tempo, por ser mais restrito do que o Estado ou a vida econômica e estar mais próximo da profissão ou dos agentes de uma mesma indústria, ele é competente para "conhecer bem seu funcionamento, para sentir todas as suas necessidades e seguir todas as suas variações".[59] Enfim, ele exerceria sobre os membros daquela sociedade profissional uma regulamentação moral apta a refrear-lhe certos impulsos e a pôr fim aos estados anômicos quando eles se manifestam, procurando

> suceder a família nas funções econômicas e morais que ela se torna cada vez mais incapaz de preencher (...) será preciso pouco a pouco vincular os homens às suas vidas profissionais, constituir fortemente os grupos desse gênero, será preciso que o dever profissional assuma, dentro dos corações, o mesmo papel que o dever doméstico desempenhou até agora.[60]

Como o sociólogo francês o percebia, tal estado de anarquia não poderia ser atribuído somente a uma distribuição injusta da riqueza mas, principalmente, à falta de regulamentação das atividades econômicas, cujo desenvolvimento havia sido tão extraordinário nos últimos dois séculos que elas acabaram por deixar de ocupar seu antigo lugar secundário. Ao mesmo tempo, o autor conferiu às anormalidades provocadas por uma *divisão anômica do trabalho* uma parte da responsabilidade nas desigualdades e nas insatisfações presentes nas sociedades modernas. Mesmo tendo absorvido uma "enorme quantidade de indivíduos cuja vida se passa quase que inteiramente no meio industrial", tais atividades não exerciam a "coação, sem a qual não há moral", isto é, não se lhes apresentavam como uma autoridade que lhes impusesse deveres, regras, limites.

> Há uma moral profissional do advogado e do magistrado, do soldado e do professor, do médico e do sacerdote etc. Mas se se tentam fixar em uma linguagem algo definida as ideias em curso sobre o que devem ser as relações do empregador com o empregado, do trabalhador com o chefe da empresa, dos industriais concorrentes entre si ou com o público, que fórmulas indecisas se obteriam. Algumas generalidades sem precisão sobre a fidelidade e a dedicação que os assalariados de todos os tipos devem àqueles que os empregam, sobre a moderação com a qual esses últimos devem usar a sua preponderância

econômica, uma certa reprovação por toda concorrência muito abertamente desleal, por toda exploração por demais injusta do consumidor, eis quase tudo o que contém a consciência moral destas profissões. (...) Os atos mais censuráveis estão tão absolvidos pelo sucesso que o limite entre o que é proibido e o que é permitido, entre o que é justo e o injusto, não tem mais nada de fixo. (...) Uma moral tão imprecisa e tão inconsistente não poderia constituir uma disciplina. Disso resulta que toda esta esfera da vida coletiva está, em grande parte, subtraída à ação moderadora da regra.[61]

Embora a atividade econômica venha acompanhando a civilização, esta não tem, por si só, nada de moralmente obrigatório nem tem servido ao progresso da moral. É justamente nos grandes centros industriais e comerciais onde se vê o crescimento do número de suicídios e da criminalidade, uma das medidas da imoralidade coletiva. A civilização em si é moralmente neutra, sendo a ciência o único de seus elementos que apresenta um certo caráter de dever.

Concretamente, o que Durkheim propõe é que, na medida em que o mercado se amplia, passando do nível municipal ao internacional, caberia à corporação fazer o mesmo, independentemente de determinações territoriais, e consolidar-se num órgão autônomo, habilitado a estabelecer os princípios específicos dos distintos ramos industriais. Isto não significava fazer ressuscitar artificialmente as corporações medievais, mas reconhecer o papel que elas haviam cumprido enquanto instituições e seu "poder moral capaz de conter os egoísmos individuais, de manter no coração dos trabalhadores um sentimento mais vivo de sua solidariedade comum, de impedir que a lei do mais forte se aplique tão brutalmente às relações industriais e comerciais".[62] As novas corporações tornar-se-iam uma autoridade moral e uma fonte de vida para seus membros. Como toda sociedade, seriam aptas a fazer-se respeitar e amar, a exercer um domínio indiscutível, a estabelecer regras de conduta que possuiriam sobre os indivíduos um caráter obrigatório e, por fim, a levar seus membros ao sacrifício e à abnegação em nome do interesse comum, ao mesmo tempo que criariam entre eles uma forte solidariedade. Pessoas que são parte de um grupo que possui em comum "ideias, sentimento e ocupações" são atraídas umas em direção às outras, procuram-se, entram em relações, associam-se e acabam por constituir um grupo especial do qual vem a desprender-se uma vida moral, um sentimento de todo...

Ora, essa união com algo que supera o indivíduo, essa subordinação dos interesses particulares ao interesse geral é a própria fonte de toda atividade moral. Se esse sentimento se precisa e se determina, quando, aplicando-se às circunstâncias mais ordinárias e mais importantes da vida, se traduz em fórmulas definidas, temos um corpo de regras morais prestes a se constituir.[63]

O espaço que a reflexão sobre esse tema ocupa na obra durkheimiana mostra sua preocupação com as questões de um mundo que, para ele, se decompunha moralmente. Embora tenha sido ativamente engajado nos debates políticos da França, o sociólogo rejeitava as soluções para os problemas sociais propostas pelos grupos que se qualificavam socialistas:

> As chamadas doutrinas socialistas são, de fato, essencialmente relativas a esta esfera da vida coletiva que se chama vida econômica. Isto não quer dizer que a questão social seja uma questão de salários; somos, pelo contrário, daqueles que pensam que ela é, antes de mais, moral.[64]

Ele via naquele socialismo apenas indicadores de um mal-estar social expresso em símbolos, pela "maneira como certas camadas da sociedade, particularmente atingidas pelos sofrimentos coletivos, os representam".[65] Como o entendia, o socialismo já estava implicado na própria natureza das sociedades superiores, onde o trabalho estava muito dividido, sendo a socialização uma decorrência natural da evolução das funções econômicas cada vez mais organizadas.

Enfim, sendo a divisão do trabalho um fato social, seu principal efeito não é aumentar o rendimento das funções divididas mas produzir solidariedade. Se isto não acontece, é sinal de que os órgãos que compõem uma sociedade dividida em funções não se autorregulam, seja porque os intercâmbios ou contatos que realizam são insuficientes ou pouco prolongados. Com isso, não podem garantir o equilíbrio e a coesão social. Nesses casos, o estado de anomia é iminente.

Vê-se, assim que, sob certas circunstâncias, a divisão do trabalho pode agir de maneira dissolvente, deixando de cumprir seu papel moral: o de tornar solidárias as funções divididas. A ausência de normas – que em situação normal se desprendem por si mesmas como prolongações da divisão do trabalho – impossibilita que a competição presente na vida social seja moderada e que se promova a harmonia das funções. São três os casos em que isto se dá: nas crises industriais e comerciais que denotam que as funções sociais não estão bem adaptadas entre si; nas lutas entre o trabalho e o capital que mostram a falta de unidade e a desarmonia entre os trabalhadores e os patrões; e na divisão extrema de especialidades no interior da ciência. Durkheim utiliza-se do exemplo de uma situação de mercado na qual um intenso crescimento reduz os contatos entre as partes – produtores e consumidores. O resultado são as "crises que perturbam periodicamente as funções econômicas". Ao separar completamente o patrão e o empregado, a grande indústria modificou as relações de trabalho e apartou os membros das famílias, antes que os interesses em conflito conseguissem estabelecer um novo equilíbrio. Se a função da divisão do trabalho falha, a anomia e o perigo da desintegração ameaçam todo o corpo social e "quando o indivíduo, absorvido por sua tarefa, se isola em sua atividade especial, já não percebe os colaboradores que trabalham a seu lado e na mesma obra, nem sequer tem ideia dessa obra comum".[66]

Durkheim discorda daqueles que acusam a divisão do trabalho de ter reduzido o trabalhador a uma máquina que repete rotineiramente os mesmos movimentos sem relacionar as operações que lhe são exigidas a um propósito. Se o operário "já não é uma célula viva de um organismo vivo que vibra sem cessar ao contato das células vizinhas", é porque tornou-se "uma engrenagem inerte que uma força externa põe em funcionamento". Tal sistema não deixa indiferente a moral. Arruína-se o indivíduo e esgota-se a fonte da vida social, o que é uma ameaça às funções econômicas, mas principalmente a todas as funções sociais. A solução para isso não está em ampliar a cultura do trabalhador, mas em demonstrar-lhe que "suas ações têm um fim fora de si mesmas. Daí, por especial e uniforme que possa ser sua atividade, é a de um ser inteligente, porque ela tem um sentido e ele o sabe."[67] Por outro lado, a desarmonia entre as aptidões individuais e o gênero das tarefas que são atribuídas ao trabalhador por meio de alguma forma de coação constituem outra fonte de perturbação da solidariedade, mas não são uma consequência necessária da divisão do trabalho em condições normais. Durkheim argumenta que "o trabalho só se divide espontaneamente se a sociedade está constituída de tal maneira que as desigualdades sociais expressam exatamente as desigualdades naturais".[68] Vemos aqui que o autor compreende o que Marx chama de luta de classes como uma expressão de anormalidade ao nível das relações sociais. Ele advoga também que o mérito do esforço pessoal possui caráter moral e, portanto, integrador. Por isso critica a instituição da herança.

> Sempre que a riqueza seja transmitida por herança, existirão ricos e pobres de nascimento. As condições morais de nossa vida social são tais que as sociedades não poderão se manter a não ser que as desigualdades *exteriores*, dentro das quais os indivíduos estão situados, forem cada vez mais se nivelando. É preciso não entender, por isso, que os homens devem tornar-se iguais entre eles; ao contrário: a desigualdade interior, aquela que deriva do valor pessoal de cada um, irá sempre aumentando, sem que este valor seja exagerado ou diminuído por alguma causa exterior. Ora, a riqueza hereditária é uma dessas causas. Ela fornece a qualquer um vantagens que não derivam de seus próprios méritos e que, portanto, lhe conferem esta superioridade sobre outros. Esta injustiça, que nos parece crescentemente intolerável, torna-se cada vez mais inconciliável com as condições de existência de nossas sociedades. Tudo concorre então para demonstrar que o direito sucessório, mesmo sob a forma testamentária, está destinado a desaparecer progressivamente.[69]

Mas mesmo que a extinção da instituição da herança possibilitasse a cada indivíduo entrar na luta pela vida com os mesmos recursos, não deixaria de subsistir certa hereditariedade:

A dos dons naturais. A inteligência, o gosto, o valor científico, artístico, literário, industrial, a coragem, a destreza natural são forças que cada um de nós recebe ao nascer, como o proprietário nato recebe o seu capital. (...) Será, portanto, necessária ainda certa disciplina moral para forçar os menos favorecidos pela natureza a aceitarem o que devem ao acaso de seu nascimento. Haverá quem reivindique uma partilha igual para todos e que não se conceda vantagem alguma aos mais úteis e merecedores? Nesse caso, seria preciso uma disciplina muito mais enérgica para obrigar estes últimos a aceitarem um tratamento simplesmente igual ao dispensado aos medíocres e impotentes.[70]

MORAL E VIDA SOCIAL

A moral consiste em "um sistema de normas de conduta que prescrevem como o sujeito deve conduzir-se em determinadas circunstâncias". No entanto, tais normas distinguem-se de outros conjuntos de regras porque envolvem uma noção de dever, constituem uma obrigação, possuem um respeito especial, são sentidas como desejáveis e, para cumpri-las, os membros da sociedade são estimulados a superar sua natureza individual. As normas morais têm uma finalidade desejável e desejada para aqueles a quem se destinam. Elas não são uma mera ordem... "experimentamos um prazer *sui generis* em cumprir com nosso dever porque é nosso dever. A noção de bem penetra na noção de dever." Junto ao conceito de autoridade desenvolve-se o de liberdade, a "filha da autoridade bem compreendida. Porque ser livre não é fazer o que se queira; é ser-se senhor de si, saber agir pela razão, praticando o dever."[71] Cada povo, em um certo momento de sua história, possui uma moral. É com base nela que a opinião pública e os tribunais julgam. É a ela que se almeja, ela é o bem. Negá-la é negar a sociedade e, embora possam existir consciências que não se ajustem à moralidade de seu tempo, existe uma moral comum e geral àqueles que pertencem a uma coletividade e uma infinitude de consciências morais particulares que a expressam de modo distinto. Assim, se o educador tem uma ascendência moral sobre seus alunos é porque é para eles uma autoridade legítima, a qual não se dá através do temor que possa inspirar mas da própria crença na missão que desempenha. O mesmo se pode dizer do sacerdote que fala em nome de uma divindade. Ambos são órgãos de entidades morais: um da sociedade e das grandes ideias morais de seu tempo e de sua terra, outro, de seu Deus. Mas é a sociedade a autoridade moral, é ela que confere às normas morais seu caráter obrigatório. Além dessa moral comum, existe uma diversidade indefinida de outras moralidades, expressas pelas distintas consciências particulares. O valor moral dos atos deve-se a que visam um propósito superior aos indivíduos, sua fonte é mais elevada e seu fim é a sociedade.

Em toda a sua obra, Durkheim procura comprovar os princípios que fundamentam sua concepção de sociedade. Esta, se nada mais fosse do que uma soma dos indivíduos que a constituem, não poderia ter valor moral superior à soma do valor moral de cada um de seus elementos. E, "se existe uma moral, um sistema de deveres e obrigações, é mister que a sociedade seja uma pessoa qualitativamente distinta das pessoas individuais que compreende e de cuja síntese é o resultado". Por isso é que, onde se inicia a vida do grupo – família, corporação, cidade, pátria, agrupamentos internacionais – começa a moral, e "o devotamento e o desinteresse adquirem sentido". A ligação do membro a um grupo é também a sua adesão a um determinado ideal social, e só na vida coletiva o indivíduo aprende a idealizar. "A sociedade é a melhor parte de nós", acredita Durkheim, "na verdade, o homem não é humano senão porque vive em sociedade" e sair dela é deixar de sê-lo.[72] Para adquirir humanidade é indispensável superar-se, dominar as próprias paixões, considerar outros interesses que não os próprios. E é a sociedade que ensina aos homens a virtude do sacrifício, da privação, e a subordinação de seus fins individuais a outros mais elevados.

Mas no processo de crescente diferenciação provocada pela divisão do trabalho, os membros de um grupo chegam ao ponto de não ter em comum nada além da qualidade de serem humanos. Então, não há nada que eles "possam amar e honrar em comum senão o próprio homem... E como cada um de nós encarna algo da humanidade, cada consciência individual encerra algo de divino e fica, assim, marcada por um caráter inviolável para os outros."[73] Esse é o único sistema de crenças que pode garantir a unidade moral da sociedade moderna: a moral individualista e a religião da humanidade, na qual o homem é, ao mesmo tempo, o fiel e o deus. E "quem quer que atente contra a vida de um homem, contra a liberdade de um homem, contra a honra de um homem, inspira-nos um sentimento de repulsa, análogo àquele que o crente sente quando vê profanarem o seu ídolo".[74] É nesse ponto que se coloca um dos elementos mais relevantes da Sociologia durkheimiana: o lugar do indivíduo na sociedade moderna, sua relação com o Estado, a proteção de seus interesses e a criação de seus direitos. Em sociedades menos complexas, que controlam mais de perto seus membros e através da disciplina podem chegar à tirania, o Estado tem ainda caráter religioso. Assim, a *moral cívica*, que trata dos deveres dos cidadãos, confunde-se com a religião pública, e o indivíduo é meramente o instrumento de realização dos fins estatais. Em sociedades complexas, nas quais o Estado possui funções muito mais extensas, existe também um número cada vez mais significativo de grupos secundários que, além de expressar os distintos interesses organizados de seus membros, mantêm com estes um contato estreito. É do equilíbrio surgido do jogo entre o Estado e esses grupos – família, corporação, Igreja, distritos territoriais e outras formas de associação – que nascem as liberdades individuais. A esta concepção do Estado, Durkheim chama individualista. Não possuindo os direitos individuais qualquer limite intransponível, "aquilo que ontem não parecia passar de uma espécie de luxo virá a tornar-se, amanhã, direito estrito. A tarefa, assim, do Estado, é ilimitada. (...) Tudo faz prever que nos tornaremos mais sensíveis a quanto respeite a personalidade humana."[75]

A glorificação do indivíduo move-se com base na simpatia por "tudo o que é do homem, uma maior piedade por todas as dores, por todas as misérias humanas, uma mais ardente necessidade de os combater e atenuar, uma maior sede de justiça". A vida, a honra, a liberdade do indivíduo são respeitadas e protegidas, e se "ele tem direito a esse respeito religioso é porque existe nele qualquer coisa da humanidade. É a humanidade que é respeitável e sagrada"[76] e, quando o homem a cultua, ele tem que sair de si e estender-se aos outros. Essa moral não deve, então, ser confundida com a concepção vulgar, condenada por Durkheim, igualada ao egoísmo utilitário e ao utilitarismo estreito que fazem a "apoteose do bem-estar e do interesse individuais e desse culto egoísta do *ego*". O homem livre é aquele que contém seu egoísmo natural, subordina-se a fins mais altos, submete os desejos ao império da vontade, conforma-os a justos limites. Por isso, um individualismo desregrado adviria da falta de disciplina e de autoridade moral da sociedade. A divinização do indivíduo é obra da própria sociedade, e a liberdade deste é utilizada para o benefício social. O culto de que ele é ao mesmo tempo objeto e agente dirige-se à pessoa humana, está acima das consciências individuais e pode servir-lhes de elo em direção a uma mesma fé. Ele representa a adesão unânime a um conjunto de crenças e práticas coletivas merecedoras de um respeito particular que lhes confere um caráter religioso. Portanto,

> não é de recear que alguma vez o céu se despovoe de forma definitiva, pois somos nós próprios que o povoamos. O que nele projetamos são imagens ampliadas de nós próprios. E enquanto houver sociedades humanas, elas tirarão do seu seio grandes ideais de que os homens se tornarão servidores.[77]

Sendo os Estados, na época em que tais reflexões foram feitas, as mais altas sociedades organizadas, e não estando livres de ameaças provenientes de outras sociedades, a disciplina orientada à proteção da coletividade nacional (o patriotismo) foi apontada por Durkheim como oposta à que visa o desenvolvimento dos seres humanos (o cosmopolitismo). Para superar esse conflito, era necessário que as sociedades se guiassem por um ideal acima das particularidades e que buscassem fins mais universais: os propriamente humanos. A ideia de uma futura confederação dos Estados europeus, se bem que mais abrangente do que um Estado particular, ainda estaria longe de organizar a humanidade. A existência de contradições entre os sentimentos patriótico e cosmopolita exigiria um esforço de conciliação por parte do Estado que se fixaria como tarefa essencial, não o crescer, o estender as fronteiras, e sim o organizar, o melhor que possa, sua autonomia, chamar a uma vida moral mais e mais alta o maior número de seus membros. (...) Não tenha o Estado outro fim senão fazer, de seus cidadãos, homens, no sentido completo da palavra, e os deveres cívicos não passarão de forma mais particular dos deveres gerais da humanidade. (...) As sociedades, porém, podem consagrar seu amor-próprio não a ser as maiores, ou as mais abastadas, e sim a ser as mais justas, as mais bem organizadas, a possuir a melhor constituição moral.[78]

RELIGIÃO E MORAL

É como parte dessa preocupação com o estudo da moralidade que a religião ocupa um espaço importante na obra de Durkheim. As religiões primitivas são o ponto de partida de seu estudo por considerar que, em sua clareza e simplicidade, evidenciam o essencial, mais tarde oculto pelo secundário e o acessório. Nas comunidades mais simples, onde é menor o desenvolvimento das individualidades e das diferenças, "o fato religioso ainda traz visível o sinal de suas origens", mostrando também mais facilmente elementos comuns a todas as sociedades. Mas que classe de realidade humana as religiões expressam sob seus símbolos?

As religiões são constituídas por "um sistema solidário de crenças e de práticas relativas às coisas sagradas – isto é, separadas, interditas – crenças comuns a todos aqueles que se unem numa mesma comunidade moral chamada Igreja".[79] Os fenômenos religiosos são de duas espécies: as *crenças*, que são estados de opinião, representações, e os *ritos*, que exprimem modos de conduta. Ambos organizam e classificam o universo das coisas em duas classes ou domínios radicalmente excludentes: o *profano* e o *sagrado*. A passagem do mundo profano para o sagrado implica uma metamorfose e envolve ritos de iniciação realizados por aquele que renuncia ou sai de um mundo para entrar em outro e que morre simbolicamente para renascer por meio de uma cerimônia. As coisas sagradas são protegidas, mantidas à distância e isoladas pelas interdições aplicadas às profanas. Elas podem ser palavras, objetos, animais, alimentos, lugares, pessoas etc. Entre essas coisas existem as que são proibidas de ser provadas, vistas, pronunciadas ou tocadas, por exemplo, por homens, mulheres, solteiros, membros de algum grupo, casta ou classe social, durante uma fase da vida ou em certos estados naturais como a gravidez ou a menstruação.

Algumas vezes tal abstinência requer sofrimento porque "nos aferramos com todas as fibras de nossa carne ao mundo profano; nossa sensibilidade nos ata a ele; nossa vida depende dele. (...) Não podemos, pois, desprender-nos dele sem violentar nossa natureza, sem chocar-nos dolorosamente com nossos instintos."[80] Essa dor é um componente do que o autor chama de culto negativo, formado pelos ritos ascéticos que estabelecem tabus. E como sagrado e profano não podem misturar-se, as grandes solenidades religiosas suspendem o trabalho – atividade temporal – e estabelecem o feriado ritual. As cerimônias religiosas cumprem um importante papel ao colocarem a coletividade em movimento para sua celebração: elas aproximam os indivíduos, relembram a eles que são membros de um mesmo grupo, multiplicam os contatos entre eles, tornam-nos mais íntimos e "por isso mesmo, o conteúdo das consciências muda. Em dias comuns, as preocupações utilitárias e individuais são as que ocupam mais os espíritos." Assim, a energia intrínseca aos sentimentos sociais consegue manter os membros unidos entre si. Nesses dias especiais

> o que ocupa o pensamento são as crenças comuns, as tradições comuns, as lembranças comuns dos grandes antepassados, o ideal coletivo de que eles são a reencarnação: em uma palavra, as coisas sociais. Mesmo os interesses materiais, que as grandes cerimônias religiosas buscam satisfazer, são de ordem pública, portanto social.[81]

É a sociedade, então, que envolve os indivíduos no fenômeno religioso e que, por meio dos ritos, torna-se mais viva e atuante na suas vidas. Os homens sentem que algo fora deles renasce, desperta: é a parcela do ser social contida em cada um que se renova. Assim, um momento de profunda tristeza como o que se dá com a perda de um parente também reflete o estado que o grupo ao qual pertencia atravessa. Permitir a indiferença nessas situações em que o destino fere e diminui a família ou a comunidade "seria proclamar que elas não ocupam em seus corações o lugar a que têm direito". Essa é a função do luto. Assim,

> uma família que tolera que um dos seus possa morrer sem ser chorado atesta por esse fato que carece de unidade moral e de coesão: ela abdica, renuncia a existir. Por seu lado, o indivíduo, quando está firmemente aderido à sociedade da qual forma parte, sente-se moralmente obrigado a participar de suas tristezas e alegria. Desinteressar-se seria romper os vínculos que o unem à coletividade, seria renunciar a querê-la e contradizer-se.[82]

Durkheim refere-se a seu tempo como uma época de profunda perturbação, onde as sociedades "são obrigadas a renovar-se e a procurar-se laboriosamente e dolorosamente". Seus velhos ideais e divindades estão morrendo, e os homens encontram-se num "período de frio, de mediocridade moral" que recobre as fontes de calor contidas na sociedade.

> Mas quem é que não sente que, nas profundezas da sociedade, há uma intensa vida que se elabora e procura as suas vias de saída que acabará por encontrar? Aspiramos a uma justiça mais elevada que nenhuma das fórmulas existentes exprime de modo a satisfazer-nos. Mas estas aspirações obscuras que nos

vão formando conseguirão, mais cedo ou mais tarde, tomar mais claramente consciência de si mesmas, traduzir-se em fórmulas definidas em volta das quais os homens voltarão a unir-se e que se tornarão num centro de cristalização de novas crenças.[83]

Assim é que Durkheim deixa antever sua esperança de que a vida coletiva se organize em potentes bases morais uma vez que o homem descubra que "a humanidade foi abandonada sobre a terra às suas únicas forças e não pode senão contar consigo mesma para dirigir os seus destinos".[84]

A TEORIA SOCIOLÓGICA DO CONHECIMENTO

A religião representa a própria sociedade idealizada, reflete as aspirações "para o bem, o belo, o ideal", e também incorpora o mal, a morte, e mesmo os aspectos mais repugnantes e vulgares da vida social. Ao exteriorizar sentimentos comuns, as religiões são também os primeiros sistemas coletivos de representação do mundo – cosmologias. Assim, "se a filosofia e as ciências nasceram da religião, é porque a própria religião começou por ocupar o lugar das ciências e da filosofia".[85] O interesse que o fez voltar-se às religiões era também compreender as *categorias* fundamentais do entendimento humano, noções essenciais como tempo, espaço, número, causa, substância, personalidade. Essas são relações que existem entre as coisas e que, produzidas inicialmente no interior do pensamento religioso, são expressas por meio de conceitos e símbolos. Durkheim questiona as duas teses que até então procuraram explicar a questão do conhecimento e de sua racionalidade – o empirismo e o apriorismo – e propõe que seja reconhecida a origem *social* das categorias, as quais traduziriam estados da coletividade, sendo, pois, produtos da cooperação. Enquanto os conhecimentos empíricos são suscitados pela ação do objeto sobre os espíritos dos *indivíduos*, as categorias seriam *representações* essencialmente *coletivas*, obras da sociedade expressas inicialmente por meio da religião, na qual foi engendrado tudo o que há de essencial na sociedade: o direito, a ciência, a moral, a arte e a recreação.[86] Se isto se dá é porque "a ideia de sociedade é a alma da religião", e nesta originaram-se quase todas as grandes instituições sociais. Ela é uma expressão resumida da vida coletiva.

Sendo a *razão* obra das representações comuns, é irredutível à experiência individual, ultrapassando-a, por isso ela consegue impor-se aos membros de uma sociedade, tendo, portanto, um caráter coercitivo e a autoridade da própria sociedade, comunicando-se a certas maneiras de pensar que são como que as condições indispensáveis de toda ação comum. A necessidade com a qual as categorias se impõem a nós não é, pois, o efeito de simples hábitos de cujo jugo poderíamos nos libertar com um pouco de esforço; tampouco é uma necessidade física ou metafísica, já que as categorias mudam segundo os lugares e os tempos; ela é um tipo particular de necessidade moral que é para a vida intelectual o que a obrigação moral é para a vontade.[87]

As categorias do entendimento seriam instrumentos coletivos de pensamento que os grupos humanos forjaram ao longo de séculos e através dos quais as inteligências se comunicam, e que expressam coisas sociais. Os conceitos – como, por exemplo, árvore, belo, elegante, decidido, gracioso – constituem modos como as sociedades, em certas épocas, representam a natureza, os sentimentos, os objetos e as ideias. Conceitos e categorias são ambos representações coletivas.

As categorias não devem ser tomadas como fatos primeiros, imanentes ao espírito e portanto impenetráveis pela análise, como pensavam os aprioristas, ou como noções muito simples que qualquer um pode apreender de suas experiências pessoais, logo, elaborações individuais, como propunham os empiristas. O tempo, por exemplo, é um modo de organização que só tem sentido para todos os homens se for objetivamente pensado por todos eles. Os pontos de apoio que permitem a classificação temporal dos acontecimentos

são tomados da vida social. As divisões em dias, semanas, meses, anos etc. correspondem à periodicidade dos ritos, das festas, das cerimônias públicas. A base da categoria "tempo" é o ritmo da vida coletiva. Um calendário expressa o ritmo da atividade coletiva ao mesmo tempo que tem por função assegurar sua regularidade. O mesmo acontece com o espaço.[88]

O espaço não possui por si mesmo esquerda e direita, norte e sul, alto e baixo. A organização espacial faz sentido para os membros de uma sociedade, como no exemplo de sociedades australianas e norte-americanas, onde o espaço é concebido na forma de um círculo que reproduz o formato do campo tribal, enquanto em outras o mundo é dividido em tantas partes quantos são os clãs.

Reduzido apenas aos preceitos individuais, o homem não seria distinto dos animais, isto é, não seria um homem, pois não seria um ser social que sempre pensou por meio de conceitos. Estes exprimem a maneira pela qual a sociedade representa as coisas para si, e constituem a matéria do pensamento lógico. Sendo, em princípio, opostos às representações sensíveis, que se encontram em constante movimento, são universais e impessoais, e é através deles que os indivíduos se comunicam. A origem dos conceitos só pode ser a comunidade, já que são compartilhados por todos e "dependem da maneira como ela é constituída e organizada".[89] Ao mesmo tempo, o conceito é universalizável: ou ele é comum a todos os homens ou pode ser a eles comunicado, isto porque é obra da comunidade, supera os limites da experiência pessoal. É, portanto, um fato social. Mas as representações coletivas contêm também elementos subjetivos dos quais o pensamento necessita desembaraçar-se para organizar-se cientificamente, logicamente. Em suma, a ciência, a moral e a religião originam-se de uma mesma fonte: a sociedade.

CONCLUSÕES

Embora o método positivista – abraçado pelo autor em seu esforço de constituir uma Sociologia dotada de sólidas bases empíricas – tenha por vezes confundido analistas mais apressados que o identificaram com as tendências conservadoras do pensamento político e social da época, Durkheim esteve atento para o surgimento de novas crenças, ideais e representações, gerados em períodos revolucionários ou de grande intensidade da vida social, capazes de extinguir o "frio moral" pelo qual passavam as sociedades industriais. Seriam precisamente esses os momentos de exaltação da vida moral, quando forças psíquicas recém-nascidas permitem aos homens recuperar o vigor de sua fé no caráter sagrado de suas sociedades e transformar seu meio, atribuindo-lhe a dignidade de um mundo ideal. Por outro lado, a profunda fé mantida por Durkheim na capacidade de convivência entre indivíduos idiossincráticos, sem que se pusesse em risco a existência da vida social, atesta sua sensibilidade para as tendências de mudança, embora de caráter pacífico e mesmo reformista, assim como sua esperança no exercício da liberdade responsável num quadro de justiça social e de ideais cosmopolitas que se estenderia a toda a humanidade. Apesar disso, reconhece "que ainda não estamos no tempo em que esse patriotismo poderá reinar totalmente, se é que esse tempo poderá chegar um dia".[90]

A obra de Durkheim, impulsionada pelo grupo de brilhantes intelectuais e pesquisadores que se formou, graças à sua liderança, em torno da revista *L'Année Sociologique* teve um impacto decisivo na Sociologia. Sua influência é particularmente visível no caso dos estudos sobre a Sociologia da religião e os sistemas simbólicos de representação. As reflexões que Durkheim realizara junto com Marcel Mauss (1872-1976) a respeito das representações coletivas e dos sistemas lógicos de compreensão do mundo originários de distintos grupos sociais estabeleceram uma ponte entre sua teoria sociológica e as preocupações que marcam a Antropologia contemporânea. Por outro lado, uma vertente do pensamento Durkheimiano, mais especificamente os aspectos ligados ao consenso e à integração do sistema social, foi incorporada à moderna teoria sociológica norte-americana através da interpretação de Talcott Parsons. Suas ideias inspiraram também estudos recentes sobre a desintegração de padrões tradicionais de interação devidos aos processos de urbanização, além de pesquisas sobre a família, a profissão e a socialização.

NOTAS

[1] Segundo a ordem de problemas a que se dedique, a Sociologia poderia ser dividida em Morfologia Social, Fisiologia Social, Sociologia Religiosa, Moral, Jurídica, Econômica, Linguística, Estética e, por fim, a que sintetiza suas conclusões, a Sociologia Geral. O ramo da Sociologia que se dedica a estudar os fatos morais, por exemplo, corresponde à "razão humana aplicada à ordem moral, inicialmente para conhecê-la e compreendê-la, e em seguida para orientar suas transformações", sempre cuidando de afastar os sentimentos pessoais. Essa alta consciência só pode ser adquirida pela ciência que é, ela mesma, uma obra social.

[2] DURKHEIM. *As regras do método sociológico*, p. 11.

[3] DURKHEIM. *As regras do método sociológico*, p. 31.

[4] DURKHEIM. *As regras do método sociológico*, p. XXIX.

[5] DURKHEIM. *Sociología y filosofía*, p. 127.

[6] DURKHEIM. *Las formas elementales de la vida religiosa*, p. 445.

[7] DURKHEIM. A Sociologia em França no século XIX, p. 117.

[8] DURKHEIM. *As regras do método sociológico*, p. 6-7.

[9] DURKHEIM. *Educação e Sociologia*, p. 47.

[10] DURKHEIM. *As regras do método sociológico*, p. 2.

[11] DURKHEIM. *Las formas elementales de la vida religiosa*, p. 20.

[12] DURKHEIM. *Educação e Sociologia*, p. 7. As normas que regulam a sexualidade, por exemplo, e que são características de grupos sociais e de sociedades, são suscetíveis à mudança no decorrer do tempo, como quaisquer outras normas, embora observem distintos ritmos. Elas se expressam na forma da mudança de valores sobre o que é normalidade, anormalidade e criminalidade.

[13] DURKHEIM. *As regras do método sociológico*, p. XXI.

[14] DURKHEIM. *As regras do método sociológico*, p. 62.

[15] DURKHEIM. Sociologia e ciências sociais, p. 133.

[16] Vale lembrar que Durkheim somente se encarregou da lógica da Sociologia depois de ter feito alguns estudos; expôs, assim, um método que se inspirava em sua própria prática.

[17] DURKHEIM. *As regras do método sociológico*, p. XXIII.

[18] DURKHEIM. *As regras do método sociológico*, p. XXI.

[19] DURKHEIM. *As regras do método sociológico*, p. 25.

[20] DURKHEIM. *As regras do método sociológico*, p. XXI.

[21] DURKHEIM. *As regras do método sociológico*, p. 16.

[22] DURKHEIM. *Educação e Sociologia*, p. 47.

[23] DURKHEIM. *As regras do método sociológico*, p. 19-20.

[24] DURKHEIM. *De la división del trabajo social*, p. 10.

[25] DURKHEIM. *As regras do método sociológico*, p. XXX.

[26] DURKHEIM. *Sociología y filosofía*, p. 171.

[27] DURKHEIM. *Las formas elementales de la vida religiosa*, p. 438.

[28] DURKHEIM. *Las formas elementales de la vida religiosa*, p. 439.

[29] DURKHEIM. *De la división del trabajo social*, p. 113.

[30] DURKHEIM. *Educação e Sociologia*, p. 67.

[31] DURKHEIM. Propriedade social e democracia, p. 159.

[32] DURKHEIM. *De la división del trabajo social*, p. 74.

[33] DURKHEIM. *As regras do método sociológico*, p. 60. O autor desenvolve também a ideia de que o crime não é um fato patológico, já que esta prática está disseminada em todas as sociedades e está ligada às condições fundamentais de toda a vida social.

[34] DURKHEIM. *Revue Philosophique de la France et l'Étranger*, p. 8.

[35] A própria divisão sexual do trabalho é a fonte da solidariedade conjugal e, na sua ausência, mesmo o núcleo familiar tende a desaparecer, subsistindo apenas as relações sexuais eventuais.

[36] DURKHEIM. *De la división del trabajo social*, p. 114.

[37] DURKHEIM. *De la división del trabajo social*, p. 113.

[38] DURKHEIM. *As regras do método sociológico*, p. 99.

[39] DURKHEIM. *De la división del trabajo social*, p. 220-221.

[40] DURKHEIM. *De la división del trabajo social*, p. 163.

[41] DURKHEIM. *De la división del trabajo social*, p. 61.

[42] DURKHEIM. *De la división del trabajo social*, p. 94.

[43] DURKHEIM. *De la división del trabajo social*, p. 86.

[44] DURKHEIM. *De la división del trabajo social*, p. 95.

[45] DURKHEIM. *De la división del trabajo social*, p. 89.

[46] DURKHEIM. *Sociología y filosofía*, p. 160.

[47] DURKHEIM. *O suicídio*, p. 18.

[48] DURKHEIM. *O suicídio*, p. 16.

[49] Durkheim analisou outras variáveis que podem estar relacionadas ao suicídio tais como o sexo, o clima, as guerras, as crises políticas, a religião, o estado civil etc.

[50] DURKHEIM. *O suicídio*, p. 239.

[51] DURKHEIM. *O suicídio*, p. 246.

[52] DURKHEIM. *O suicídio*, p. 162.

[53] DURKHEIM. *O suicídio*, p. 201.

[54] DURKHEIM. *De la división del trabajo social*, p. 313.

[55] DURKHEIM. *O suicídio*, p. 200.

[56] DURKHEIM. *De la división del trabajo social*, p. 338.

[57] DURKHEIM. *De la división del trabajo social*, p. 8.

[58] DURKHEIM. *De la división del trabajo social*, p. 28.

[59] DURKHEIM. *De la división del trabajo social*, p. 10.

[60] DURKHEIM. *Revue Philosophique de la France et l'Étranger*, p. 13.

[61] DURKHEIM. *De la división del trabajo social*, p. 8.

[62] DURKHEIM. *De la división del trabajo social*, p. 14.

[63] DURKHEIM. *De la división del trabajo social*, p. 17.

[64] DURKHEIM. Sobre a definição de socialismo, p. 204.

[65] DURKHEIM. Socialismo e ciência social, p. 215.

[66] DURKHEIM. *De la división del trabajo social*, p. 304.

[67] DURKHEIM. *De la división del trabajo social*, p. 316.

[68] DURKHEIM. *De la división del trabajo social*, p. 320.

[69] DURKHEIM. *Revue Philosophique de la France et l'Étranger*, p. 10-11.

[70] DURKHEIM. *O suicídio*, p. 198.

[71] DURKHEIM. *Educação e Sociologia*, p. 44.

[72] DURKHEIM. *Educação e Sociologia*, p. 35.

[73] DURKHEIM. O individualismo e os intelectuais, p. 244.

[74] DURKHEIM. O individualismo e os intelectuais, p. 238.

[75] DURKHEIM. *Lições de Sociologia*: a moral, o direito e o Estado, p. 63.

[76] DURKHEIM. O individualismo e os intelectuais, p. 240.

[77] DURKHEIM. O futuro da religião, p. 286.

[78] DURKHEIM. *Lições de Sociologia*: a moral, o direito e o Estado, p. 68-69.

[79] DURKHEIM. *Las formas elementales de la vida religiosa*, p. 49.

[80] DURKHEIM. *Las formas elementales de la vida religiosa*, p. 321.

[81] DURKHEIM. *Las formas elementales de la vida religiosa*, p. 358.

[82] DURKHEIM. *Las formas elementales de la vida religiosa*, p. 410.

[83] DURKHEIM. O futuro da religião, p. 287.

[84] DURKHEIM. O futuro da religião, p. 287.

[85] DURKHEIM. *Las formas elementales de la vida religiosa*, p. 14.

[86] DURKHEIM. *Las formas elementales de la vida religiosa*, p. 14.

[87] DURKHEIM. *Las formas elementales de la vida religiosa*, p. 21.

[88] DURKHEIM. *Las formas elementales de la vida religiosa*, p. 16.

[89] DURKHEIM. *Las formas elementales de la vida religiosa*, p. 19.

[90] DURKHEIM. *Lições de Sociologia*: a moral, o direito e o Estado, p. 69.

BIBLIOGRAFIA

DURKHEIM, E. A Sociologia em França no século XIX. In: _____. *A ciência social e a ação*. Tradução de Inês D. Ferreira. São Paulo: Difel, 1975.

DURKHEIM, E. Sociologia e ciências sociais. In: _____. *A ciência social e a ação*. Tradução de Inês D. Ferreira. São Paulo: Difel, 1975.

DURKHEIM, E. Propriedade social e democracia. In: _____. *A ciência social e a ação*. Tradução de Inês D. Ferreira. São Paulo: Difel, 1975.

DURKHEIM, E. Os princípios de 1789 e a Sociologia. In: _____. *A ciência social e a ação*. Tradução de Inês D. Ferreira. São Paulo: Difel, 1975.

DURKHEIM, E. Sobre a definição de Socialismo. In: _____. *A ciência social e a ação*. Tradução de Inês D. Ferreira. São Paulo: Difel, 1975.

DURKHEIM, E. Socialismo e ciência social. In: _____. *A ciência social e a ação*. Tradução de Inês D. Ferreira. São Paulo: Difel, 1975.

DURKHEIM, E. A concepção materialista da história. In: _____. *A ciência social e a ação*. Tradução de Inês D. Ferreira. São Paulo: Difel, 1975.

DURKHEIM, E. O individualismo e os intelectuais. In: _____. *A ciência social e a ação*. Tradução de Inês D. Ferreira. São Paulo: Difel, 1975.

DURKHEIM, E. O futuro da religião. In: _____. *A ciência social e a ação*. Tradução de Inês D. Ferreira. São Paulo: Difel, 1975.

DURKHEIM, E. *As regras do método sociológico*. Tradução de Maria Isaura P. Queiroz. São Paulo: Companhia Editora Nacional, 1974.

DURKHEIM, E. *De la división del trabajo social*. Tradução de David Maldavsky. Buenos Aires: Schapire, 1967.

DURKHEIM, E. *Educação e Sociologia*. 4. ed. Tradução de Lourenço Filho. São Paulo: Melhoramentos, 1955.

DURKHEIM, E. *Las formas elementales de la vida religiosa*. Buenos Aires: Schapire, 1968.

DURKHEIM. La famille conjugale. *Revue Philosophique de la France et l'Étranger*, Paris, n. XCI, p. 8, jan./juin 1921.

DURKHEIM, E. *Lições de Sociologia:* a moral, o direito e o Estado. Tradução de J. B. Damasco Penna. São Paulo: T. A. Queiroz/Edusp, 1983.

DURKHEIM, E. *Sociología y filosofía*. Tradução de J. M. Bolaño Hijo. Buenos Aires: Kraft, 1951.

DURKHEIM, E. *O suicídio*. Tradução de Nathanael Caixeiro. Rio de Janeiro: Zahar, 1982.

MAX WEBER 3

Maria Ligia de Oliveira Barbosa
Tania Quintaneiro

A tarefa do professor é servir aos alunos com
o seu conhecimento e experiência e não
impor-lhes suas opiniões políticas pessoais.

Max Weber

INTRODUÇÃO

À época de Max Weber, travava-se na Alemanha um acirrado debate entre a corrente até então dominante no pensamento social e filosófico, o positivismo, e seus críticos. O objeto da polêmica eram as especificidades das ciências da natureza e das ciências do espírito e, no interior destas, o papel dos valores e a possibilidade da formulação de leis. Wilhelm Dilthey (1833-1911), um dos mais importantes representantes da ala antipositivista, contrapôs à razão científica dos positivistas a razão histórica, isto é, a ideia de que a compreensão do fenômeno social pressupõe a recuperação do *sentido*, sempre arraigado temporalmente e adscrito a uma *weltanschauung*[1] (relativismo) e a um ponto de vista (perspectivismo). Obra humana, a experiência histórica é também uma realidade múltipla e inesgotável.

Mas foram Marx e Nietzsche, reconhecidos pelo próprio Weber como os pensadores decisivos de seu tempo, aqueles que, segundo alguns biógrafos, tiveram maior impacto sobre a obra do sociólogo alemão. A influência de Marx evidencia-se no fato de ambos terem compartilhado o grande tema – o capitalismo ocidental – e dedicado a ele boa parte de suas energias intelectuais, estudando-o da perspectiva histórica, econômica, ideológica e sociológica. Weber propôs-se a verificar a capacidade que teria o materialismo histórico de encontrar explicações adequadas à história social, especialmente sobre as relações entre a estrutura e a superestrutura. Em suma, procurou compreender como as ideias, tanto quanto os fatores de ordem material, cobravam força na explicação sociológica, sem deixar de criticar o monismo causal que caracteriza o materialismo marxista nas suas formas vulgares.

Weber também é herdeiro da percepção de Friedrich Nietzsche (1844-1900) segundo a qual a vontade de poder, expressa na luta entre valores antagônicos, é que torna a realidade social, política e econômica compreensível. Isso refletia preocupações correntes de historiadores, sociólogos e psicólogos alemães, interessados pelo caráter conflituoso implícito no pluralismo democrático.

Enfim, cabe lembrar a originalidade de Weber no refinamento dessas e de outras ideias que estavam presentes nos debates da época. Os conceitos com os quais interpretou a complexa luta que tem lugar em todas as arenas da vida coletiva e o desenvolvimento histórico do Ocidente como a marcha da racionalidade representam um avanço em termos de precisão metodológica.

A OBJETIVIDADE DO CONHECIMENTO

Na investigação de um tema, um cientista é inspirado por seus próprios valores e ideais, que têm um caráter sagrado para ele, nos quais deposita sua fé e pelos quais está disposto a lutar. Por isso, deve estar capacitado a estabelecer uma "distinção entre reconhecer e julgar, e a cumprir tanto o dever científico de ver a verdade dos fatos, como o dever prático de defender" os próprios valores, que devem ser obrigatoriamente expostos e jamais disfarçados de "ciência social" ou da "ordem racional dos fatos". É essencial distinguir a política e a ciência e considerar que esta tampouco está isenta de valores. Enquanto a ciência é um produto da reflexão do cientista, a política o é do homem de vontade e de ação, ou do membro de uma classe que compartilha com outras ideologias e interesses. Segundo Weber, "a ciência é hoje uma vocação organizada em disciplinas especiais a serviço do autoesclarecimento e conhecimento de fatos interrelacionados".[2] Ela não dá resposta à pergunta: a qual dos deuses devemos servir? Essa é uma questão que tem a ver com a ética. Em outras palavras, é preciso distinguir entre os *julgamentos de valor* e o *saber empírico*. Este nasce de necessidades e considerações práticas historicamente colocadas, na forma de problemas, ao cientista cujo propósito deve ser o de procurar selecionar e sugerir a adoção de medidas que tenham a finalidade de solucioná-los. Já os julgamentos de valor dizem respeito à definição do significado que se dá aos objetos ou aos problemas. O saber empírico tem como objetivo procurar respostas através do uso dos instrumentos mais adequados (os meios, os métodos). Mas o cientista nunca deve propor-se a estabelecer normas, ideais e receitas para a *praxis*, nem dizer o que deve, mas o que pode ser feito. A ciência é, portanto, um procedimento altamente racional que procura explicar as consequências de determinados atos, enquanto a posição política prática vincula-se a convicções e deveres. A relação entre ciência e valores é, ainda assim, mais complexa do que possa parecer. Segundo Weber:

> Hoje falamos habitualmente da ciência como "livre de todas as pressuposições". Haverá tal coisa? Depende do que entendemos por isso. Todo trabalho científico pressupõe que as regras da lógica do método são válidas; são as bases gerais de nossa orientação no mundo; e, pelo menos para nossa questão especial, essas pressuposições são o aspecto menos problemático da ciência. A ciência pressupõe, ainda, que o produto do trabalho científico é importante no sentido de que "vale a pena conhecê-lo". Nisto estão encerrados todos os nossos problemas, evidentemente, pois esta pressuposição não pode ser provada por meios científicos – só pode ser interpretada com referência ao seu significado último, que devemos rejeitar ou aceitar, segundo a nossa posição última em relação à vida. (...) A "pressuposição" geral da Medicina é apresentada trivialmente na afirmação de que a Ciência Médica tem a tarefa de manter a vida como tal e diminuir o sofrimento na medida máxima de suas possibilidades. Se a vida vale a pena ser vivida e quando – esta questão não é indagada pela Medicina.[3]

Mas como é possível, apesar da existência desses valores, alcançar a objetividade nas ciências sociais? A resposta de Weber é que os valores devem ser incorporados conscientemente à pesquisa e controlados através de procedimentos rigorosos de análise, caracterizados como "esquemas de explicação condicional". A ação do cientista é seletiva. Os valores são um guia para a escolha de um certo objeto pelo cientista. A partir daí, ele definirá uma certa direção para a sua explicação e os limites da cadeia causal que ela é capaz de estabelecer, ambos orientados por valores. As relações de causalidade, por ele construídas na forma de *hipóteses*, constituirão um esquema lógico-explicativo cuja objetividade é garantida pelo rigor e obediência aos cânones do pensamento científico. O ponto essencial a ser salientado é que o próprio cientista é quem atribui aos aspectos do real e da história que examina uma ordem através da qual procura estabelecer uma relação causal entre certos fenômenos. Assim produz o que se chama tipo ideal.

Conclui-se que a atividade científica é, simultaneamente, racional com relação às suas finalidades – a verdade científica – e racional com relação a valores – a busca da verdade. A obrigação de dizer a verdade é, enfim, parte de uma ética absoluta que se impõe, sem qualquer condição, aos cientistas.

Dada a sua complexidade, a discussão realizada por Weber sobre a objetividade das ciências sociais merece uma consideração cuidadosa. Segundo o autor, para chegar ao conhecimento que pretende, o cientista social efetua quatro operações: 1) estabelece leis e fatores hipotéticos que servirão como meios para seu estudo; 2) analisa e expõe ordenadamente "o agrupamento individual desses fatores historicamente dados e sua combinação concreta e significativa", procurando tornar inteligível a causa e natureza dessa significação; 3) remonta ao passado para observar como se desenvolveram as diferentes características individuais daqueles agrupamentos que possuem importância para o presente e procura fornecer uma explicação histórica a partir de tais constelações individuais anteriores, e 4) avalia as constelações possíveis no futuro.[4]

Weber endossa o ponto de vista segundo o qual as ciências sociais visam a compreensão de eventos culturais enquanto *singularidades*.[5] O alvo é, portanto, captar a especificidade dos fenômenos estudados e seus significados. Mas sendo a realidade cultural infinita, uma investigação exaustiva, que considerasse todas as circunstâncias ou variáveis envolvidas num determinado acontecimento, torna-se uma pretensão inatingível. Por isso, o cientista precisa isolar, da "imensidade absoluta, um fragmento ínfimo" que considera relevante. O critério de seleção operante nesse processo está dado pelo significado que certos fenômenos possuem, tanto para ele como para a cultura e a época em que se inserem. É a partir da consideração de ambos os registros que será possível o ideal de objetividade e inteligibilidade nas ciências sociais. Pode-se dizer, então, que o particular ou específico não é aquilo que vem dado pela experiência, nem muito menos o ponto de partida do conhecimento, mas o resultado de um esforço cognitivo que discrimina, organiza e, enfim, abstrai certos aspectos da realidade na tentativa de explicar as causas associadas à produção de determinados fenômenos. Mas o método de estudo de que se utiliza baseia-se no estado de desenvolvimento dos conhecimentos, nas estruturas conceituais de que dispõe e nas normas de pensamento vigentes, o que lhe permite obter resultados válidos não apenas para si próprio.

Existe uma grande diferença entre conferir significado à realidade histórica por meio de ideias de valor e conhecer suas leis e ordená-la de acordo com conceitos gerais e princípios lógicos, genéricos. Mas a explicação do *fato significativo em sua especificidade* nunca estará livre de pressupostos porque ele próprio foi escolhido em função de valores. Com isso, Weber rejeita a possibilidade de uma ciência social que reduza a realidade empírica a leis. Para explicar um acontecimento concreto, o cientista agrupa uma certa constelação de fatores que lhe permitam dar sentido a esta realidade particular.[6]

Weber procura demonstrar que conceitos muito genéricos, extensos, abrangentes ou abstratos, são menos proveitosos para o cientista social por serem pobres em conteúdo, logo, afastados da riqueza da realidade histórica. Portanto, a tentativa de explicar tais fenômenos por meio de "leis" que expressem regularidades quantificáveis que se repetem não passa de um trabalho preliminar, possivelmente útil. Os fenômenos individuais são um conjunto infinito e caótico de elementos cuja ordenação é realizada a partir da significação que representam e por meio da imputação causal que lhe é feita. Logo,

> a) o conhecimento de leis sociais não é um conhecimento do socialmente real, mas unicamente um dos diversos meios auxiliares que o nosso pensamento utiliza para esse efeito e, b) porque nenhum conhecimento dos acontecimentos culturais poderá ser concebido senão com base na significação que a realidade da vida, sempre configurada de modo individual, possui para nós em determinadas relações singulares.[7]

O princípio de seleção dos fenômenos culturais infinitamente diversos é subjetivo, já que apenas o ponto de vista humano é capaz de conferir-lhes sentido, assim como de proceder à imputação de causas concretas e adequadas ou objetivamente possíveis, destacando algumas conexões, construindo relações, e elaborando ou fazendo uso de conceitos que pretendem ser fecundos para a investigação empírica, embora inicialmente imprecisos e intuídos. Isto vai permitir "tomar consciência não do que é genérico mas, muito pelo contrário, do que é específico a fenômenos culturais".[8] A resposta para o problema da relação entre a objetividade do conceito puro e a compreensão histórica encontra-se na elaboração dos tipos ideais, através dos quais busca-se tornar compreensível a natureza particular das conexões que se estabelecem empiricamente.

OS TIPOS IDEAIS

Por meio das ciências sociais "queremos compreender a peculiaridade da vida que nos rodeia" composta de uma diversidade quase infinita de elementos. Ao tomar um objeto, apenas um fragmento finito dessa realidade, o cientista social empreende uma tarefa muito distinta daquela que se propõe o cientista da natureza. O que procura é compreender uma *individualidade sociocultural* formada de componentes historicamente agrupados, nem sempre quantificáveis, a cujo passado se remonta para explicar o presente, partindo então deste para avaliar as perspectivas futuras.

Sendo uma ciência generalizadora, a Sociologia constrói conceitos--tipo, "vazios frente à realidade concreta do histórico" e distanciados desta, mas unívocos porque pretendem ser fórmulas interpretativas através das quais se apresenta uma explicação racional para a realidade empírica que organiza. Esta adequação entre o conceito e a realidade é tanto mais completa quanto maior a racionalidade da conduta a ser interpretada, o que não impede a Sociologia de procurar explicar fenômenos irracionais (místicos, proféticos, espirituais, afetivos). O que dá valor a uma construção teórica é a concordância entre a adequação de sentido que propõe e a prova dos fatos, caso contrário, ela se torna inútil, seja do ponto de vista explicativo ou do conhecimento da ação real. Quando é impossível realizar a prova empírica, a evidência racional serve apenas como uma hipótese dotada de plausibilidade. Uma construção teórica que pretende ser uma *explicação causal* baseia-se em probabilidades de que um certo processo "A" siga-se, na forma esperada, a um outro determinado processo "B".

Somente as ações compreensíveis são objeto da Sociologia. E para que regularidades da vida social possam ser chamadas de *leis sociológicas* é necessário que se comprove a probabilidade estatística de que ocorram na forma que foi definida como *adequada significativamente*.

Na medida em que não é possível a explicação de uma realidade social particular, única e infinita, por meio de uma análise exaustiva das relações causais que a constituem, escolhem-se algumas destas por meio da avaliação das influências ou efeitos que delas se pode esperar. O cientista atribui a esses fragmentos selecionados da realidade um sentido, destaca certos aspectos cujo exame lhe parece importante – segundo seu princípio de seleção – baseando-se, portanto, em seus próprios *valores*. Mas, enquanto "o objeto de estudo e a profundidade do estudo na infinidade das conexões causais são determinados somente pelas ideias de valor que dominam o investigador e sua época", o método e os conceitos de que ele lança mão ligam-se às normas de validez científica referidos a uma teoria. A elaboração de um instrumento que oriente o cientista social em sua busca de *conexões causais* é muito valiosa do ponto de vista heurístico. Esse modelo de interpretação-investigação é o *tipo ideal*, e é dele que se vale o cientista para guiar-se na infinitude do real.

Suas possibilidades e limites devem-se: 1) à *unilateralidade*, 2) à *racionalidade* e 3) ao *caráter utópico*. Ao elaborar o tipo ideal, parte-se da escolha, numa realidade infinita, de alguns elementos do objeto a ser interpretado que são considerados pelo investigador os mais relevantes para a explicação. Esse processo de seleção acentua – necessariamente – certos traços e deixa de lado outros, o que confere unilateralidade ao modelo puro. Os elementos causais são relacionados pelo cientista de modo racional, embora não haja dúvida sobre a influência, de fato, de incontáveis fatores irracionais no desenvolvimento do fenômeno real. No relativo à ênfase na racionalidade, o tipo ideal só existe como utopia e não é, nem pretende ser, um reflexo da realidade complexa, muito menos um modelo do que ela deveria ser. Um conceito típico-ideal é um modelo simplificado do real, elaborado com base em traços considerados essenciais para a determinação da causalidade, segundo os critérios de quem pretende explicar um fenômeno.

É possível, por exemplo, construir tipos ideais da economia urbana da Idade Média, do Estado, de uma seita religiosa, de interesses de classe e de outros fenômenos sociais de maior ou menor amplitude e complexidade, e também organizar qualquer dessas realidades a partir de um ou de diversos de seus elementos. Na medida em que o cientista procede a uma seleção, esta vem a corresponder às suas próprias concepções do que é essencial no objeto examinado, e sua construção típico-ideal não corresponde necessariamente às de outros cientistas. Ele procederá, a partir daí, a uma comparação entre o seu modelo e a dinâmica da realidade empírica que examina.

As construções elaboradas por Marx sobre o desenvolvimento do capitalismo têm, para Weber, o caráter de tipos ideais e, embora teoricamente corretas, não se lhes deve atribuir validez empírica ou imaginar que são "tendências" ou "forças ativas" reais.

> Tais construções (...) permitem-nos ver se, em traços particulares ou em seu caráter total, os fenômenos se aproximam de uma de nossas construções, determinar o grau de aproximação do fenômeno histórico e o tipo construído teoricamente. Sob esse aspecto, a construção é simplesmente um recurso técnico que facilita uma disposição e terminologia mais lúcidas.[9]

Um exemplo da aplicação do tipo ideal encontra-se na obra *A ética protestante e o espírito do capitalismo*. Weber parte de uma descrição provisória que lhe serve como guia para a investigação empírica, "indispensável à clara compreensão do objeto de investigação", do que entende inicialmente por "espírito do capitalismo", e vai construindo gradualmente esse conceito ao longo de sua pesquisa, para chegar à sua forma definitiva apenas no final do trabalho. O tipo ideal é utilizado como instrumento para conduzir o autor numa realidade complexa. O autor reconhece que seu ponto de vista é um entre outros. Cabe à Sociologia e à História, como parte das ciências da cultura,[10] reconstruir os atos humanos, compreender o significado que estes tiveram para os agentes, e o universo de valores adotado por um grupo social ou por um indivíduo enquanto membro de uma determinada sociedade e, por fim, construir conceitos-tipo e encontrar "as regras gerais do acontecer".

OS CONCEITOS FUNDAMENTAIS DA SOCIOLOGIA WEBERIANA

Ação e ação social

A *ação* é definida por Weber como toda conduta humana (ato, omissão, permissão) dotada de um *significado subjetivo* dado por quem a executa e que *orienta* essa ação. Quando tal orientação tem em vista a ação – passada, presente ou futura – de *outro* ou de *outros* agentes que podem ser "individualizados e conhecidos ou uma pluralidade de indivíduos indeterminados e completamente desconhecidos" – o público, a audiência de um programa, a família do agente etc. – a ação passa a ser definida como *social*.[11] A Sociologia é, para Weber, a ciência "que pretende entender, interpretando-a, a ação social para, dessa maneira, explicá-la causalmente em seu desenvolvimento e efeitos", observando suas regularidades as quais se expressam na forma de *usos, costumes* ou *situações de interesse*,[12] e embora a Sociologia não tenha a ver somente com a ação social, sem embargo, para o tipo de Sociologia que o autor propõe, ela é o dado central, constitutivo.[13] Entretanto, algumas ações não interessam à Sociologia por serem reativas, sem um sentido pensado, como a de retirar a mão ao se levar um choque.

A explicação sociológica busca *compreender* e *interpretar* o sentido, o desenvolvimento e os efeitos da conduta de um ou mais indivíduos referida a outro ou outros – ou seja, da ação social, não se propondo a julgar a validez de tais atos nem a compreender o agente enquanto pessoa. Compreender uma ação é captar e interpretar sua *conexão de sentido*, que será mais ou menos evidente para o sociólogo. Em suma: ação compreensível é ação com sentido.

As condutas humanas são tanto mais racionalizadas quanto menor for a submissão do agente aos costumes e afetos e quanto mais ele se oriente por um planejamento adequado à situação. Pode-se dizer, portanto, que as ações serão tanto mais intelectualmente compreensíveis (ou sociologicamente explicáveis) quanto mais racionais, mas é possível a interpretação endopática e o cálculo exclusivamente intelectual dos meios, direção e efeitos da ação ainda quando existe uma grande distância entre os valores do agente e os do sociólogo. Interpretar uma ação devida a valores religiosos, a virtudes, ao fanatismo ou a afetos extremos que podem não fazer parte da experiência do sociólogo ou aos quais ele seja pouco suscetível pode, portanto, dar-se com um grau menor de evidência.

Para compreender uma ação através do método científico, o sociólogo trabalha então com uma elaboração limite, essencial para o estudo sociológico, que chama de *tipos puros* ou *ideais*, vazios de realidade concreta ou estranhos ao mundo, ou seja: abstratos, conceituais. O Avarento, personagem dramático de Molière, pode ser visto como um tipo ideal ou puro. Sua principal característica pessoal é a avareza, e todas as suas ações estão orientadas para a possibilidade de guardar cada vez mais dinheiro. É evidente que mesmo os avarentos mais empedernidos não constroem todos os momentos da sua vida em torno apenas da atividade de entesouramento! Apenas figuras imaginadas seriam capazes, por exemplo, de contar os grãos de arroz que cada um de seus filhos estaria autorizado a comer nas refeições... Ainda assim, o personagem proporciona, enquanto tipo ideal, um conjunto articulado de princípios racionais para a explicação das personalidades e ações dos avarentos. E é este o sentido do uso de tipos ideais.

Logo, com base no reconhecimento de que, durante o desenvolvimento da ação, podem ocorrer condicionamentos irracionais, obstáculos, emoções, equívocos, incoerências etc., Weber constrói quatro tipos puros, ou ideais, de ação: a *ação racional com relação a fins*, a *ação racional com relação a valores*, a *ação tradicional* e a *ação afetiva*. Sem dúvida, são muitas as combinações entre a maior ou a menor nitidez com que o agente percebe suas próprias finalidades, os meios de que deverá servir-se para alcançá-las, as condições colocadas pelo ambiente em que se dá sua ação, assim como as consequências advindas de sua conduta.

A escala classificatória abrange desde a racionalidade mais pura até a irracionalidade. O sociólogo capta intelectualmente as *conexões de sentido racionais*, as que alcançam o grau máximo de evidência. Isso não ocorre com a mesma facilidade quando valores e afetos interferem nas ações examinadas. A partir de um *modelo* de desenvolvimento da conduta racional, o sociólogo interpreta outras conexões de sentido menos evidentes – sejam aquelas afetivamente condicionadas ou que tenham sofrido influências irracionais de toda espécie – tomando-as como desvios do modelo constituído.

Em síntese: somente a ação com sentido pode ser compreendida pela Sociologia, a qual constrói tipos ou modelos explicativos abstratos para cuja construção levam-se em conta tanto as conexões de sentido racionais, cuja interpretação se dá com maior evidência, quanto as não-racionais, sobre as quais a interpretação alcança menor clareza.

OS TIPOS PUROS DE AÇÃO E DE AÇÃO SOCIAL

A ação de um indivíduo será classificada como *racional com relação a fins* se, para atingir um objetivo previamente definido, ele lança mão dos meios necessários ou adequados, ambos avaliados e combinados tão claramente quanto possível de seu próprio ponto de vista. Um procedimento científico ou uma ação econômica, por exemplo, expressam essa tendência e permitem uma interpretação racional. O procedimento econômico – todo aquele que leva em conta um conjunto de necessidades a atender, quaisquer que sejam, e uma quantidade escassa de meios – corresponde ao modelo típico de ação racional. A questão para o agente que visa chegar ao objetivo pretendido recorrendo aos meios disponíveis é selecionar entre estes os mais adequados. A conexão entre fins e meios é tanto mais racional quanto mais a conduta se dê rigorosamente e sem a interferência perturbadora de tradições e afetos que desviam seu curso. Assim, provavelmente é mais racional aplicar em ações da bolsa de valores a partir da avaliação de um especialista no assunto do que ceder a um impulso, decidir com base num jogo de dados ou aceitar o conselho de um sacerdote.

A conduta será *racional em relação a valores* quando o agente orientar--se por fins últimos, por princípios, agindo de acordo com ou a serviço de suas próprias convicções e levando em conta somente sua fidelidade a tais valores, estes, sim, inspiradores de sua conduta, ou na medida em que crê na legitimidade intrínseca de um comportamento, válido por si mesmo – como, por exemplo, ser honesto, ser casto, não se alimentar de carne... Está, portanto, cumprindo um dever, um imperativo ou exigência ditados por seu senso de dignidade, suas crenças religiosas, políticas, morais ou estéticas, por valores que preza tais como a justiça, a honra, a honestidade, a fidelidade, a beleza... Por conseguinte, não é guiado pela consideração dos efeitos que poderão advir de sua conduta.[14] Daí que às vezes exista nesse tipo de procedimento uma certa irracionalidade no que diz respeito à relação entre meios e fins, já que o agente não se interessa pelo aspecto da racionalidade com a mesma paixão com que exige o respeito aos seus valores. Tal irracionalidade será tanto maior quanto mais absoluto for, para o sujeito, o valor que inspira sua ação. O significado da ação não se encontra, portanto, em seu resultado ou em suas consequências, mas no desenrolar da própria conduta, como, por exemplo, a daqueles que lutam em prol dos valores que consideram indiscutíveis ou acima de quaisquer outros, como a paz, o exercício da liberdade (política, religiosa, sexual, de uso de drogas etc.), em benefício de uma causa como a nacional ou pela preservação dos animais. O que dá sentido à ação é sua fidelidade aos valores que a guiaram.

A conduta pode também não ter qualquer motivação racional, como é o caso daquelas de tipo afetivo e de tipo tradicional. Diz-se que o sujeito age de modo afetivo quando sua ação é inspirada em suas emoções imediatas – vingança, desespero, admiração, orgulho, medo, inveja, entusiasmo, desejo, compaixão, gosto estético ou alimentar etc. – sem consideração de meios ou de fins a atingir. Uma *ação afetiva* é aquela orientada pelo ciúme, pela raiva ou por diversas outras paixões. Ações desse tipo podem ter resultados não pretendidos, desastrosos ou magníficos como, por exemplo, magoar a quem se ama, destruir algo precioso ou produzir uma obra de arte, já que o agente não se importa com os resultados ou consequências de sua conduta. A ação afetiva distingue-se da racional orientada por valores pelo fato que, nesta, o sujeito "elabora conscientemente os pontos de direção últimos da atividade e se orienta segundo estes de maneira consequente", portanto age racionalmente. Podem constituir ações afetivas: escrever poemas eróticos ou amorosos, torcer por um time de futebol, levar os filhos a shows de cantores adolescentes, desde que elas se orientem pelos sentimentos das pessoas que as realizam.

Quando hábitos e costumes arraigados levam a que se aja em função deles, ou como sempre se fez, em reação a estímulos habituais, estamos diante da ação tradicional. Tal é o caso do batismo dos filhos realizado por pais pouco comprometidos com a religião, o beijo na mão durante o pedido de bênção, o cumprimento semiautomático entre pessoas que se cruzam no ambiente de trabalho ou o acender um cigarro após um café. Weber compara os estímulos que levam à ação tradicional aos que produzem a imitação reativa, já que é difícil conhecer até que ponto o agente tem consciência de seu sentido. Assim como a ação estritamente afetiva, a estritamente tradicional situa-se no limite ou além do que Weber considera ação orientada de maneira significativamente consciente.

Podemos utilizar essas quatro categorias para analisar o sentido de um sem-número de condutas, tanto daquelas praticadas, como das que o agente se recusa a executar ou deixa de praticar: estudar, dar esmolas, comprar, casar, participar de uma associação, fumar, presentear, socorrer, castigar, comer certos alimentos, assistir à televisão, ir à missa, à guerra etc. O sociólogo procura compreender o sentido que um sujeito atribui à sua ação e seu significado. Há que se ter claro, porém, o alerta de Weber de que "muito raras vezes a ação, especialmente a social, está *exclusivamente* orientada por um ou outro destes tipos" que não passam de modelos conceituais puros, o que quer dizer que em geral as ações sofrem mais de um desses condicionamentos, embora possam ser classificadas com base naquele que, no caso, é o predominante.

É necessário distinguir uma ação propriamente social de dois modos de conduta simplesmente reativos, sem caráter social e cujo sentido não se conecta significativamente às ações do outro, a saber: a) a ação homogênea – aquela executada por muitas pessoas simultaneamente, como proteger-se contra uma calamidade natural, ou aquelas reações uniformes de massa criadas pela situação de classe quando, por exemplo, todos os empresários de um setor aumentam automaticamente seus preços a partir do anúncio pelo governo de que será criado um imposto específico; b) a ação proveniente de uma imitação ou praticada sob a influência da ou condicionada pela conduta de outros ou por uma massa (uma multidão, a imprensa e a opinião pública seriam massas dispersas). Na medida em que o sujeito não orientou *causalmente* sua conduta pelo comportamento de outros já que ele apenas imita, não se estabelece uma relação de sentido, o que coloca esse tipo de ação fora do campo de interesse da Sociologia compreensiva.

RELAÇÃO SOCIAL

Uma conduta *plural* (de vários), reciprocamente orientada, dotada de conteúdos significativos que descansam na probabilidade de que se agirá socialmente de um certo modo, constitui o que Weber denomina *relação social*. Podemos dizer que relação social é a probabilidade de que uma forma determinada de conduta social tenha, em algum momento, seu sentido partilhado pelos diversos agentes numa sociedade qualquer. Como exemplos de relações sociais temos as de hostilidade, de amizade, as trocas comerciais, a concorrência econômica, as relações eróticas e políticas. Em cada uma delas, as pessoas envolvidas percebem o significado, partilham o sentido das ações dado pelas demais pessoas. Como membros da sociedade moderna, todos nós somos capazes de entender o gesto de uma pessoa que pega o seu cartão de crédito para pagar uma conta. O mesmo não aconteceria, por exemplo, com um índio ainda distante do contato com a nossa sociedade, pois ele seria incapaz de partilhar, numa primeira aproximação, o sentido de vários dos nossos atos.

Quando, ao agir, cada um de dois ou mais indivíduos orienta sua conduta levando em conta a probabilidade de que o outro ou os outros agirão socialmente de um modo que corresponde às expectativas do primeiro agente, estamos diante de uma relação social. O gerente do supermercado solicita a um empacotador que atenda um cliente. Temos aqui três agentes cujas ações orientam-se por referências recíprocas, cada um dos quais contando com a probabilidade de que o outro terá uma conduta dotada de sentido e sobre a qual existem socialmente expectativas correntes. Tomemos o exemplo desde o ponto de vista da conduta e expectativas de um desses agentes. O cliente, ao fazer suas compras, já conta tanto com a possibilidade de ser auxiliado pelo empacotador, assim como tem conhecimento de que, se necessário, poderá recorrer ao gerente para que este faça com que o funcionário trabalhe adequadamente. Substituindo-os por um cidadão, um assaltante e um policial, ou por um casal, ou por pais e filhos, temos outros tipos de relação social que se fundam em probabilidades e expectativas do comportamento de cada um dos participantes. O conteúdo dessas relações é diverso: prestação de serviços, conflito, poder, amor, respeito etc. e existe nelas um caráter recíproco, embora essa reciprocidade não se encontre necessariamente no conteúdo de sentido que cada agente lhe atribui mas na capacidade de cada um compreender o sentido da ação dos outros. Um cidadão pode temer o assaltante que, embora reconheça os sofrimentos de sua vítima, é indiferente a eles. O empacotador pode ser solidário com o cliente e este tratá-lo friamente, um parceiro pode sentir paixão pelo outro que abusa da generosidade advinda de tal sentimento. O caráter recíproco da relação social não significa uma atuação do mesmo tipo por parte de cada um dos agentes envolvidos. Apenas quer dizer que uns e outros partilham a compreensão do sentido das ações, todos sabem do que se trata, mesmo que não haja correspondência. Sinais de amor podem ser compreendidos, notados, sem que este amor seja correspondido. O que caracteriza a relação social é que o sentido das ações sociais a ela associadas pode ser (mais ou menos claramente) compreendido pelos diversos agentes de uma sociedade. Além disso, os conteúdos atribuídos às relações tampouco são permanentes, seja totalmente ou em parte, assim como as próprias relações entre agentes, as quais podem ser transitórias, duradouras, casuais, repetir-se etc.

Cada indivíduo, ao envolver-se nessas ou em quaisquer relações sociais, toma por referência certas expectativas que possui da ação do outro (ou outros) aos quais sua conduta se refere. O vendedor que aceita um cheque do comprador, o desportista que atua com lealdade com o adversário e o político que propõe a seus futuros eleitores a execução de certos atos estão se baseando em probabilidades esperadas da conduta daqueles que são o alvo de sua ação. Em suma: as relações sociais são os conteúdos significativos atribuídos por aqueles que agem tomando outro ou outros como referência – conflito, piedade, concorrência, fidelidade, desejo sexual etc. – e as condutas de uns e de outros orientam-se por esse sentido embora não tenham que ter reciprocidade no que diz respeito ao conteúdo.

Tomemos uma ilustração. Ana notou que Beto tem interesse nela: vários de seus atos assim o indicam. Ele a convida para sair, concede-lhe muita atenção. Mas Ana não tem intenção de namorar Beto e procura fazê-lo entender isso através de recusas polidas. Conquanto ambos guiem suas ações por expectativas da ação do outro, nesse caso o conteúdo de ambas não é recíproco, apesar de totalmente compreensível para cada uma das partes. Da mesma forma, somos capazes de entender o sentido de um gesto violento numa agressão, e é isto o que nos leva a reagir de acordo com ele, mesmo que não haja reciprocidade de nossa parte. O que importa para identificar relações sociais como tais é que estejam inseridas em e reguladas por expectativas recíprocas quanto ao seu significado. Os agentes podem conduzir-se como colegas, inimigos, parentes, comprador e vendedor, criminoso e vítima, admirador e astro, indiferente e apaixonado, patrão e empregado, ou dentro de uma infinidade de possibilidades, desde que todas elas incluam uma referência comum ao sentido partilhado. Uma relação social pode ser também efêmera ou durável, isto é, pode ser interrompida, ser ou não persistente e mesmo mudar radicalmente de sentido durante o seu curso, passando, por exemplo, de amistosa a hostil, de desinteressada a solidária etc. Weber chama o Estado, a Igreja ou o casamento de pretensas estruturas sociais que só existem de fato enquanto houver a probabilidade de que se deem as relações sociais dotadas de conteúdos significativos que as constituem. Ou seja, de que pessoas nessa sociedade achem que devam se casar, pagar impostos e votar ou assistir às cerimônias religiosas. Assim, do ponto de vista sociológico, um matrimônio, uma corporação ou mesmo um Estado deixam de existir "desde que desapareça a *probabilidade* de que aí se desenvolvam determinadas espécies de atividades sociais orientadas significativamente".[15] Weber apresenta uma interpretação inovadora a respeito do que é chamado de instituição, ou do que chama de "personalidades coletivas". Segundo ele, formações sociais como o Estado, cooperativas, sociedades anônimas etc.,

> não são outra coisa que desenvolvimentos e entrelaçamentos de ações específicas de pessoas individuais, já que apenas elas podem ser sujeitos de uma ação orientada pelo seu sentido. Apesar disto, a Sociologia não pode ignorar,

mesmo para seus próprios fins, aquelas estruturas sociais de natureza coletiva que são instrumentos de outras maneiras de colocar-se diante da realidade. (...) Para a Sociologia, a realidade Estado não se compõe necessariamente de seus elementos jurídicos, ou mais precisamente, não deriva deles. Em todo caso não existe para ela uma personalidade coletiva em ação. Quando fala do Estado, da nação, da sociedade anônima, da família, de uma corporação militar ou de qualquer outra formação semelhante, refere-se unicamente ao desenvolvimento, numa forma determinada, da ação social de uns tantos indivíduos...[16]

Tanto mais racionais sejam as relações sociais, mais facilmente poderão ser expressas sob a forma de *normas*, seja por meio de um contrato ou de um acordo, como no caso de relações de conteúdo econômico ou jurídico, da regulamentação das ações de governos, de sócios etc. Pode-se deduzir que isso se torna mais difícil quando se trata de uma relação cujo principal fundamento seja erótico ou valorativo. Na realidade, as relações podem ter ambos conteúdos, enquanto definições ou conceitos são tipos ideais.

Weber refere-se também ao conteúdo comunitário de uma relação social, fundado num sentimento subjetivo (afetivo ou tradicional) de pertença mútua, que se dá entre as partes envolvidas e com base no qual a ação está reciprocamente referida, de modo semelhante ao que costuma ocorrer entre os membros de uma família, estamento, grupo religioso, escola, torcedores de um time ou entre amantes. Já a relação associativa apoia-se num acordo de interesses motivado racionalmente (seja com base em fins ou valores), como o que se dá entre os participantes de um contrato matrimonial, de um sindicato, do mercado livre e de associações religiosas ou como as Organizações Não-Governamentais. Podemos identificar, na maioria das relações sociais, elementos comunitários e societários, assim como há motivos afetivos, tradicionais, religiosos e racionais mesclados em quase todas as ações. Numa igreja ou associação religiosa podemos encontrar claramente tanto o conteúdo comunitário quanto o acordo de interesses racionais. Se o sentimento de pertença a uma comunidade – a comunhão – é a base da vida religiosa para o praticante leigo, o trabalho profissional dos sacerdotes apoia-se em uma organização racional.

Condutas podem ser regulares, seja porque as mesmas pessoas as repetem ou porque muitos o fazem dando a elas o mesmo sentido, e isto interessa à Sociologia. Se tal regularidade acontece devido ao mero hábito, trata-se de um *uso*; quando duradoura, torna-se um *costume*; e é *determinada por uma situação de interesses* quando se reitera unicamente em função da orientação racional da ação. A moda é um uso que se contrapõe, graças ao seu caráter de novidade, ao costume, mas também pode resultar de convenções impostas por um estamento em busca de garantir seu prestígio, como a distinção que se expressa no consumo da alta costura. O processo de racionalização da conduta pode exigir que o agente tome consciência e rejeite sua própria submissão à regularidade imposta pelo costume. Os agentes podem orientar-se pelas suas crenças na *validez* de uma *ordem* que lhes apresenta obrigações ou modelos de conduta (como é o caso dos que vão à escola, ao templo ou ao trabalho). Ao adquirir o prestígio da *legitimidade*, ou seja, quando a ordem se torna *válida* para um ou mais agentes, "aumenta a probabilidade de que a ação se oriente por ela em um grau considerável", tanto mais quanto mais ampla for a sua validez.[17] A garantia da validade de uma ordem pode se dar com base na "probabilidade de que, dentro de um determinado círculo de homens, uma conduta discordante tropeçará com uma relativa reprovação geral e sensível na prática" ou "na probabilidade de coação física ou psíquica exercida por um quadro de indivíduos instituídos com a missão de obrigar à observância dessa ordem ou de castigar sua transgressão". No primeiro caso, a ordem chama-se *convenção* e, no segundo, *direito*.[18]

DIVISÃO DO PODER NA COMUNIDADE: CLASSES, ESTAMENTOS E PARTIDOS

Um dos problemas que se coloca, por excelência, à Sociologia: é o das diferenças sociais. Na concepção weberiana, elas podem ter vários princípios explicativos. O critério de classificação mais relevante é dado pela dominância, em dada unidade histórica, de uma forma de organização, ou pelo peso particular que cada uma das diversas esferas da vida coletiva possa ter. Se, numa sociedade como a chinesa tradicional, a posição social é fixada pelas qualificações para a ocupação de cargos mais do que pela riqueza, nas sociedades capitalistas modernas a propriedade de certos bens e as possibilidades de usá-los no mercado estão entre os determinantes essenciais da posição de seus membros. Assim, o predomínio da esfera econômica nas sociedades capitalistas tornou a riqueza e as propriedades os principais fundamentos da posição social, enquanto nas sociedades feudais europeias valorizava-se a origem, ou linhagem – fatores que são relevantes quando a esfera predominante é a social – como principal elemento de classificação.

A concepção de sociedade construída por Weber implica numa separação de esferas – como a econômica, a religiosa, a política, a jurídica, a social, a cultural – cada uma delas com lógicas particulares de funcionamento. O agente individual é a unidade da análise sociológica, a única entidade capaz de conferir significado às suas ações. Ao agir socialmente tendo em vista a validez de uma determinada ordem cujo sentido é compartilhado por aqueles que dela participam, ele o faz de acordo com os padrões que são específicos de tal ordem e, assim, articula em sua ação sentidos referenciados a esferas distintas. Isto é evidenciado nos achados de Weber sobre a conduta do protestante, mais especificamente o calvinista, cuja ação resulta de uma combinação, com pesos diferenciados, de um sentido puramente econômico, voltado para o mercado, e outro de caráter religioso, orientado para procedimentos destinados à salvação de sua alma. Temos aqui, portanto, um conjunto de condutas ascéticas referidas a ordens que costumam ser conflitivas do ponto de vista ético – a econômica e a religiosa – mas que tiveram, entre seus resultados, a poupança e a acumulação.

É nas ações e no sentido que o agente lhes confere que se atualiza a lógica de cada uma das esferas da vida em sociedade, e é a partir do contexto significante da ordem na qual uma ação individual está inserida que poderemos compreender sociologicamente seu significado. Assim, "a forma pela qual a honra social é distribuída dentro de uma comunidade, entre grupos típicos pertencentes a ela pode ser chamada de ordem social".[19] Se existe a probabilidade de alguns homens considerarem válidas as normas do Direito, eles estarão orientando sua conduta de acordo com a ordem jurídica. Quando, por exemplo, o sentido de uma relação social é dado pela ordem econômica, isto é, pela distribuição de serviços e de propriedades, sua referência fundamental é o mercado.[20] Cada pessoa pode participar, ao mesmo tempo, de diferentes esferas, como: ser membro de um partido, desfrutar de um certo grau de prestígio, ter uma propriedade, praticar uma religião... e da infinidade real das ações individuais é que devem extrair-se as regularidades do comportamento humano.[21]

Partindo, portanto, do princípio geral de que só as consciências individuais são capazes de dar sentido à ação social e que tal sentido pode ser partilhado por uma multiplicidade de indivíduos, Weber estabeleceu conceitos referentes ao plano coletivo – a) classes, b) estamentos ou grupos de status e c) partidos – que nos permitem entender os mecanismos diferenciados de distribuição de poder, o qual pode assumir a forma de riqueza, de distinção ou do próprio poder político, num sentido estrito.

Pessoas que têm a mesma posição no que se refere à propriedade de bens ou de habilitações encontram-se numa determinada situação de classe. Nesse contexto, as ações sociais vão ter a sua racionalidade e o seu significado definidos pelo mercado no qual os indivíduos lutam para adquirir poder econômico. É nessa esfera que Weber identifica os elementos para elaborar seu conceito de classes. Diz ele:

> Falamos de uma classe quando: 1) é comum a um certo número de pessoas um componente causal específico de suas probabilidades de existência na medida em que 2) tal componente esteja representado exclusivamente por interesses lucrativos e de posse de bens 3) em condições determinadas pelo mercado (de bens ou de trabalho).[22]

Como exemplos de classes, cita os proprietários de terras ou de escravos, os industriais, os trabalhadores qualificados e os profissionais liberais – todos os quais constituiriam grupos positivamente privilegiados devido à sua situação no mercado, isto é, a de possuidores de algum tipo de propriedade que tem valor (moeda, terra, máquinas, conhecimentos). Os trabalhadores não-qualificados, ao contrário, formariam uma classe negativamente privilegiada, mas é entre eles que se verificam com mais frequência ações comunitárias, que envolvem o sentimento de pertença mútua. Em cada caso, o conjunto específico de agentes orienta sua ação num sentido que é definido pela sua posição/situação no mercado.[23] É o sentido comum (e fundado em determinadas probabilidades) dessas ações orientadas para o mercado (de trabalho, de produtos, de empreendimentos) que faz de cada conjunto de agentes uma classe.[24]

Mas o significado das ações também pode ser definido segundo critérios vigentes na ordem social – que é onde se opera a luta por honra e prestígio e se dá a sua distribuição. Aqui, o conteúdo das relações sociais é baseado em regras de pertença a grupos de status ou estamentos. Logo, outra é a lógica de funcionamento que confere racionalidade a essa esfera:

> Em oposição às classes, os estamentos são normalmente comunidades, ainda que, com frequência, de caráter amorfo. Em oposição à situação de classe condicionada por motivos puramente econômicos, chamaremos situação estamental a todo componente típico do destino vital humano condicionado por uma estima específica – positiva ou negativa – da honra adscrita a alguma qualidade comum a muitas pessoas. (...) Quanto ao seu conteúdo, a honra correspondente ao estamento é normalmente expressa, antes de tudo, na exigência de um modo de vida determinado para todos os que queiram pertencer ao seu círculo.[25]

Weber cita os exemplos do reconhecimento social de que desfrutavam, nos Estados Unidos, os descendentes das Primeiras Famílias da Virgínia, da princesa indígena Pocahontas, dos Pilgrim Fathers e dos Knickerbocker[26] o qual é comparável, dentro de certos limites, ao prestígio que pretendem as chamadas tradicionais famílias de algumas regiões brasileiras. Os estamentos (ou estados) expressam sua honra por meio de um estilo de vida típico, constituído pelo consumo de certos bens, por determinados comportamentos e modos de expressão, pela celebração de matrimônios endogâmicos, uso de um tipo específico de vestimentas etc. Ligadas a essas expectativas, existem "limitações à vida social, isto é (...) especialmente no que se refere ao matrimônio, até que o círculo assim formado alcance o maior isolamento possível",[27] assim como a estigmatização de algumas atividades como o trabalho manual e até industrial. Os estamentos garantem a validez das condutas desejáveis por meio de convenções, através das quais expressa-se uma desaprovação geral relativamente a comportamentos discordantes. A validez de uma ordem manifesta-se no fato de que aquele que a transgride é obrigado a ocultar essa violação.

Enquanto as camadas estamentais socialmente superiores tendem a basear sua posição numa qualidade especial e intrínseca própria, por exemplo, o sangue, os estamentos negativamente privilegiados podem afirmar-se com base na crença em alguma missão que lhes cabe cumprir e, assim, sustentam sua honra e sentimento comunitário, como é o caso dos povos que se dizem enviados de deus ou portadores de uma mensagem. Qualquer que seja o seu caráter, os estamentos podem ser fechados (por descendência) ou abertos.

> Ora, uma casta é, sem dúvida, um estamento fechado, pois todas as obrigações e barreiras que a participação num estamento encerra existem numa casta, na qual são intensificadas em grau extremo. O Ocidente conheceu estados legalmente fechados, no sentido de que o intermatrimônio com não-membros do grupo estava ausente. (...) A Europa ainda reconhece essas barreiras de estamento para a alta nobreza. A América admite-a entre brancos e negros (inclusive todos os sangues mistos) nos estados sulistas da União. Mas na América tais barreiras significam que o casamento é absoluta e legalmente inadmissível, à parte o fato de que tal intermatrimônio provocaria um boicote social.[28]

Essa forma de estratificação já foi mais significativa no passado e pode chocar-se com a racionalidade presente na esfera econômica dominante na sociedade capitalista. Isto significa que, nas sociedades ocidentais contemporâneas, embora a situação de status não esteja determinada pela mera posse de bens, a longo prazo a propriedade torna-se reconhecida como uma qualificação estamental, porque a própria possibilidade de manter um estilo de vida distintivo exige uma certa disponibilidade de recursos a qual, é, por sua vez, garantida por uma participação regular no poder econômico. Em outras palavras, uma família economicamente decadente tende a perder seu status. De toda maneira, "enquanto as classes têm seu verdadeiro solo pátrio na ordem econômica, os estamentos o têm na ordem social e, portanto, na esfera da distribuição de honras".[29] Mas se no plano histórico a importância dos estamentos concebidos na forma clássica foi reduzida, na Sociologia contemporânea este conceito tem sido utilizado de modo amplo, em virtude de que, através dele, podem explicar-se os mecanismos de imposição de uma ordem social.

É por conceber a sociedade dividida em instâncias diferenciadas que Weber distingue entre os conceitos de classe – fenômeno puramente econômico e definido na esfera do mercado – de consciência de classe – adscrito à esfera social. Weber vê na consciência de classe um caráter contingente, ao contrário de Marx, que postula uma correlação necessária entre esses dois planos. Pertencer a uma determinada classe não implica em possuir qualquer sentimento de comunidade ou consciência de interesses ou direitos. Isso acontece tipicamente com os membros de um estamento, e estes não são necessariamente membros de uma mesma classe. No caso das classes, é possível dar-se uma ação homogênea ou de massa, a qual pode ou não vir a se transformar numa ação comunitária, isto é, aquela inspirada pelos sentimentos (afetivos ou tradicionais) dos seus membros de pertencerem a um todo. No entanto, os membros de uma classe participam tipicamente de outro tipo de ação: a ação societária, baseada em interesses racionalmente motivados. A partir das formas de ação social que os componentes de uma classe são capazes de empreender enquanto grupo, torna-se viável a compreensão do sentido das greves ou da constituição dos fundos de ajuda mútua entre trabalhadores, mas também o da associação entre empresários. O significado das condutas não se encontra em possíveis transformações estruturais da sociedade ou na manutenção do status quo... mas pode ser essencialmente racional com respeito a fins. Nas duas situações, aquelas ações remetem ao mercado: a seu modo de funcionamento, à configuração específica de interesses que nele se desenha e à maneira como os diversos agentes nele se posicionam.

Uma das distinções entre estamentos e classes refere-se, portanto, à necessária existência, nos primeiros, de um sentimento de pertença, já que as classes são apenas "bases possíveis (e frequentes) de uma ação comunitária".[30] Os membros de grupos de status estão de acordo com a manutenção desse caráter de fechamento aos demais (os não-membros), isto é, de garantia de exclusividade, de privilégios ou monopólios, sempre baseados em algum critério socialmente legítimo de exclusão. Participar de um estamento quer dizer, então, viver de acordo com determinadas regras que diferenciam os componentes deste grupo dos de outros. É esse sentido de distinção – ligado à obtenção e/ou adoção de estilos de vida, maneiras, tradições, modas, diplomas, etiqueta, lugar de residência ou à estigmatização de certos modos de aquisição ou de estabelecimento de parcerias matrimoniais etc. – que orienta a conduta dos agentes que o constituem. Entre as ações comunais mais frequentes nesse caso devem destacar-se as práticas de exclusão e afastamento dos não-membros, as quais reforçam os sentimentos de pertença e de distinção. Ao contrário,

> o mercado e os processos econômicos não conhecem nenhuma acepção de pessoas. Os interesses materiais dominam então sobre a pessoa. Nada sabe de honra. Ao contrário dele, a ordem estamental significa justamente o inverso: uma organização social de acordo com a honra e um modo de viver segundo as normas estamentais. Tal ordem é, pois, ameaçada em sua própria raiz quando a mera aquisição econômica e o poder puramente econômico, que revelam claramente sua origem externa, podem outorgar a mesma honra a quem os tenha conseguido, ou podem inclusive (...) outorgar-lhes uma honra superior em virtude do êxito, que os membros de um estamento pretendem desfrutar em virtude de seu modo de vida. Por isso os membros de toda organização estamental reagem com rigor contra as pretensões do mero lucro econômico e quase sempre com tanto maior aspereza quanto mais ameaçados se sentem.[31]

Mesmo que, tendencialmente, estamentos positivamente privilegiados superponham-se a classes também privilegiadas, isto não ocorre sempre. Um exemplo clássico é o da aristocracia feudal europeia que, embora economicamente decadente, continuava a ser socialmente valorizada em oposição aos ricos, mas nem sempre refinados, membros da burguesia enriquecida. Uma ilustração contemporânea desse tipo de comportamento distintivo é aquele adotado pelos frequentadores da chamada alta sociedade em relação aos pejorativamente chamados novos ricos ou emergentes, os que não tiveram berço e, em certos casos, os plebeus. Enfim,

> o estamento é uma qualificação em função de honras sociais ou da falta destas, sendo condicionado principalmente, bem como expresso, através de um estilo de vida específico. A honra social pode resultar diretamente de uma situação de classe sendo, na maioria das vezes, determinada pela média da situação de classe dos membros do estamento. Isso, porém, não ocorre necessariamente. A situação estamental, por sua vez, influi na situação de classe, pelo fato de que o estilo de vida exigido pelos estamentos leva-os a preferir tipos especiais de propriedade ou empresas lucrativas e rejeitar outras.[32]

Embora reconheça na definição seguinte uma simplificação excessiva, Weber diz: "As classes se organizam segundo as relações de produção e aquisição de bens, os estamentos, segundo princípios de seu consumo de bens nas diversas formas específicas de sua maneira de viver."[33]

As castas seriam, por fim, aqueles grupos de status fechados cujos privilégios e distinções estão desigualmente garantidos por meio de leis, convenções e rituais. Isso se dá geralmente quando há diferenças étnicas, como no caso dos povos párias, podendo ocorrer repulsa e desprezo mútuos, segregações rígidas em termos ocupacionais e às vezes até de qualquer tipo de relacionamento social como compartilhar refeições e frequentar certos locais.[34] Costuma haver regras de endogamia, de comensalidade e de dieta. Os contatos físicos com membros de castas inferiores podem contaminar aqueles das castas superiores e às vezes tal impureza deve ser expiada por meio de um ato religioso. Por sua estrutura, as sociedades de castas implicam num tipo de subordinação entre grupos com maiores ou menores privilégios. Mas Weber aponta para a existência, nesses grupos étnicos oprimidos, de vigorosos sentimentos de uma honra e dignidade própria superiores, apesar de e talvez por eles se encontrarem em uma situação inferior, ou mesmo de serem alvo de desprezo e rejeição por parte dos demais grupos sociais. Muitas vezes as castas vinculam-se a determinados ofícios e sustentam uma ética profissional tradicional de caráter religioso, vocacional, fundada na perfeição do produto, portanto distante "de toda ideia de racionalização do modo de produção que se encontra na base de toda técnica racional moderna – sistematização da exploração para convertê-la em uma economia lucrativa racional – de todo capitalismo moderno".[35]

Enfim, as diferenças que correspondem, no interior da ordem econômica, às classes e, no da ordem social ou da distribuição da honra, aos estamentos, geram na esfera do poder social os partidos, cuja ação é tipicamente racional: buscar influir sobre a direção que toma uma associação ou uma comunidade. O partido "é uma organização que luta especificamente pelo domínio" embora só adquira caráter político se puder lançar mão da coação física ou de sua ameaça.

> Em oposição à ação comunitária exercida pelas classes e pelos estamentos (...) a ação comunitária dos partidos contém sempre uma socialização, pois sempre se dirige a um fim metodicamente estabelecido, tanto se se trata de um fim objetivo – a realização de um programa com propósitos ideais ou materiais – como de uma finalidade pessoal – prebendas, poder e, como consequência disso, honras para seus chefes e sequazes ou ambos de uma só vez. (...) Por isso, só podem existir partidos dentro de comunidades de algum modo socializadas, isto é, de comunidades que têm uma ordem racional e um aparato pessoal dispostos a assegurá-la, pois a finalidade dos partidos consiste precisamente em influir sobre tal aparato e, onde seja possível, ocupá-lo com seus seguidores.[36]

A DOMINAÇÃO

Uma das questões colocadas à Sociologia é a que se refere à persistência das relações sociais. O que pode levar a que o conteúdo dessas relações ou elas próprias se mantenham? Dito de outro modo, o que faz com que os indivíduos deem às suas ações um sentido determinado que perdure com regularidade no tempo e no espaço? Qual é a base da regularidade nas ações das pessoas se o que lhes dá sentido não é uma instituição abstrata? Uma vez que Weber entende que o social constrói-se a partir das ações individuais, cria-se um problema teórico: como é possível a continuidade da vida social? A resposta para tais questões encontra-se no fundamento da organização social, chave do verdadeiro problema sociológico: a dominação ou a produção da legitimidade, da submissão de um grupo a um mandato. É fundamental então distinguir os conceitos de poder e dominação.

O conceito de poder é, do ponto de vista sociológico, amorfo já que "significa a probabilidade de impor a própria vontade dentro de uma relação social, mesmo contra toda a resistência e qualquer que seja o fundamento dessa probabilidade".[37] Portanto, não se limita a nenhuma circunstância social específica, dado que a imposição da vontade de alguém pode ocorrer em inúmeras situações.

> Os meios utilizados para alcançar o poder podem ser muito diversos, desde o emprego da simples violência até a propaganda e o sufrágio por procedimentos

rudes ou delicados: dinheiro, influência social, poder da palavra, sugestão e engano grosseiro, tática mais ou menos hábil de obstrução dentro das assembleias parlamentares.[38]

A probabilidade de encontrar obediência dentro de um grupo a um certo mandato torna os conceitos de dominação e de autoridade de interesse para a Sociologia já que possibilitam a explicação da regularidade do conteúdo de ações e das relações sociais. Enquanto a *disciplina* deve-se à obediência habitual, por exemplo por parte das massas ou da família, "sem resistência nem crítica", a *dominação* é

> um estado de coisas pelo qual uma vontade manifesta (mandato) do dominador ou dos dominadores influi sobre os atos de outros (do dominado ou dos dominados), de tal modo que, em um grau socialmente relevante, estes atos têm lugar como se os dominados tivessem adotado por si mesmos e como máxima de sua ação o conteúdo do mandato (obediência).[39]

A dominação legítima pode justificar-se por três motivos de submissão ou princípios de autoridade – racionais, tradicionais ou afetivos.

> Pode depender diretamente de uma constelação de interesses, ou seja, de considerações utilitárias de vantagens e inconvenientes por parte daquele que obedece. Pode também depender de mero costume, do hábito cego de um comportamento inveterado, ou pode fundar-se, finalmente, no puro afeto, na mera inclinação pessoal do súdito. Não obstante, a dominação que repousasse apenas nesses fundamentos seria relativamente instável. Nas relações entre dominantes e dominados, por outro lado, a dominação costuma apoiar-se internamente em bases jurídicas, nas quais se funda a sua legitimidade, e o abalo dessa crença na legitimidade costuma acarretar consequências de grande alcance. Em forma totalmente pura, as bases de legitimidade da dominação são somente três, cada uma das quais se acha entrelaçada – no tipo puro – com uma estrutura sociológica fundamentalmente diversa do quadro e dos meios administrativos.[40]

São, portanto, três os tipos de dominação legítima: a legal, a tradicional e a carismática. As formas básicas de legitimação justificam-se com base em distintas fontes de autoridade,

> a do "ontem eterno", isto é, dos mores santificados pelo reconhecimento inimaginavelmente antigo e da orientação habitual para o conformismo. É o domínio tradicional exercido pelo patriarca e pelo príncipe patrimonial de outrora. (...) A do dom da graça (carisma) extraordinário e pessoal, a dedicação absolutamente pessoal e a confiança pessoal na revelação, heroísmo ou outras qualidades da liderança individual. É o domínio carismático exercido pelo profeta ou – no campo da política – pelo senhor de guerra eleito, pelo governante plebiscitário, o grande demagogo ou o líder do partido político. Finalmente, há o domínio da legalidade, em virtude da fé na validade do

estatuto legal e da competência funcional, baseada em regras racionalmente criadas. Nesse caso, espera-se o cumprimento das obrigações estatutárias. É o domínio exercido pelo moderno servidor do Estado e por todos os portadores do poder que, sob este aspecto, a ele se assemelham.[41]

A essência da política, dos mecanismos do mercado e da vida social é a luta; seja ela "o duelo entre cavaleiros regulado convencionalmente, a concorrência sem limites, a disputa erótica sem regulações ou a competição esportiva estritamente regulada". O conteúdo desse tipo de relação social "orienta-se pelo propósito de impor a própria vontade contra a resistência da outra ou das outras partes".[42] Os homens lutam por seus interesses no mercado assim como, para participar no poder ou influir na sua distribuição, seja entre Estados ou entre grupos dentro de um Estado, "ou mesmo com a finalidade de desfrutar a sensação do prestígio produzida pelo poder".[43] O homem não ambiciona o poder apenas para enriquecer economicamente. Muito frequentemente, aspiram-se às honras sociais que ele produz.[44] Em suma, classes, estamentos e partidos são fenômenos de distribuição de poder dentro da comunidade e manifestações organizadas da luta cotidiana que caracteriza a existência humana.

Há que se atentar para o fato de que as categorias de luta e seleção, que poderiam dar margem a uma interpretação darwinista da Sociologia weberiana, não se referem à luta dos indivíduos por suas probabilidades de vida, mas pela seleção das relações sociais, por impedi-las, estorvá-las, favorecê-las ou organizá-las num certo padrão que convém ou atende aos valores ou interesses e crenças daqueles que tratam de impô-los.

A vitória daqueles possuidores de qualidades – não importa se baseadas na força, na devoção, na originalidade, na técnica demagógica, na dissimulação etc. – as quais aumentam suas probabilidades de entrar numa relação social (seja na posição de funcionário, mestre de obras, diretor-geral, empresário, profeta, cônjuge ou deputado) é chamada de *seleção social*. Nesse quadro, a realidade social aparece como um *complexo de estruturas de dominação*. A possibilidade de dominar é a de dar aos valores, ao conteúdo das relações sociais, o sentido que interessa ao agente ou agentes em luta. O espírito do capitalismo, por exemplo, "teve que lutar por sua supremacia contra todo um mundo de forças hostis". Mas

> para que um modo de vida tão bem adaptado às peculiaridades do capitalismo pudesse ter sido selecionado, isto é, pudesse vir a dominar sobre os outros, ele teve de se originar em alguma parte, e não apareceu em indivíduos isolados, mas como um modo de vida comum a grupos inteiros de homens.[45]

A luta pelo estabelecimento de uma forma de *dominação legítima* – isto é, de definições de conteúdos considerados válidos pelos participantes das relações sociais – marca a evolução de cada uma das esferas da vida coletiva em particular e define o conteúdo das relações sociais no seu interior.

As atitudes subjetivas de cada indivíduo que é parte dessa ordem passam a orientar-se pela crença numa ordem legítima, a qual acaba por corresponder ao interesse e vontade do dominante. Desse ponto de vista, é a dominação o que mantém a coesão social, garante a permanência das relações sociais e a existência da própria sociedade. Ela se manifesta sob diversas formas: a interpretação da história de acordo com a visão do grupo dominante numa certa época, a imposição de normas de etiqueta e de convivência social consideradas adequadas, e a organização de regras para a vida política. É importante ressaltar que a dominação não é um fenômeno exclusivo da esfera política, mas um elemento essencial que percorre todas as instâncias da vida coletiva.

Weber interessou-se pelas estruturas de dominação especialmente sob duas formas: a burocrática e a carismática. A primeira corresponde ao tipo especificamente moderno de administração, racionalmente organizado, ao qual tendem as sociedades ocidentais e que pode aplicar-se tanto a empreendimentos econômicos e políticos quanto àqueles de natureza religiosa, profissional etc. Nela a legitimidade se estabelece através da crença na *legalidade* das normas estatuídas e dos direitos de mando dos que exercem a autoridade. Em oposição a ela, as duas outras formas (tradicional e carismática) fundamentam-se em condutas cujos sentidos não são racionais. Em comparação com a carismática, a tradicional é mais estável. Mas, em certas circunstâncias, cada uma dessas formas de dominação pode converter-se na outra ou destruí-la. As formas de dominação tradicionais ou racionais podem ser rompidas pelo surgimento do *carisma* que institui um tipo de dominação que se baseia na "entrega extracotidiana à santidade, heroísmo ou exemplaridade de uma pessoa e às regras por ela criadas ou reveladas".[46] Ela representa a possibilidade, no sistema teórico weberiano, de rompimento efetivo, apesar de temporário, das outras formas de dominação. Em algum momento de seu exercício e mesmo para manter-se, a dominação carismática tende a tornar-se tradicional ou racional-legal, o que é chamado de rotinização ou cotidianização do carisma.

CARISMA E DESENCANTAMENTO DO MUNDO

A despeito da dimensão iluminista do seu pensamento, na qual a história revela-se como um progresso, existe um Weber pessimista que aponta para as consequências negativas, mas inevitáveis, do processo de racionalização, o que dá à sua obra, certamente crítica, um tom de resignação.[47] Como participante ativo da produção cultural de sua época, Weber partilhava a visão de que o avanço da racionalidade tinha também como resultado uma decadência geral da cultura clássica, em especial da alemã.

O sentido em que o processo de evolução vem ocorrendo é tal que "limita cada vez mais o alcance das escolhas efetivas abertas aos homens". Estes não só têm poucas alternativas como vão se tornando cada vez mais medíocres. Tudo isso é consequência do que se chama de *desencantamento do mundo*. A humanidade partiu de um universo habitado pelo sagrado, pelo mágico, excepcional e chegou a um mundo racionalizado, material, manipulado pela técnica e pela ciência. O mundo de deuses e mitos foi despovoado, sua magia substituída pelo conhecimento científico e pelo desenvolvimento de formas de organização racionais e burocratizadas, e "os valores últimos e mais sublimes retiraram-se da vida pública, seja para o reino transcendental da vida mística, seja para a fraternidade das relações humanas diretas e pessoais".[48] Quais as consequências dessa racionalização operada por meio da ciência e da técnica? Acaso ela garantiria que os homens encontraram o caminho para o verdadeiro deus ou para a felicidade? Para o autor, isso não passa de ilusão ou de otimismo ingênuo. Mas ao menos teríamos hoje um conhecimento mais claro das nossas próprias condições de vida do que tinham os primitivos? É o próprio Weber que responde a essas indagações:

> A menos que seja um físico, quem anda num bonde não tem ideia de como o carro se movimenta. E não precisa saber. Basta-lhe poder contar com o comportamento do bonde e orientar sua conduta de acordo com essa expectativa; mas nada sabe sobre o que é necessário para produzir o bonde ou movimentá-lo. O selvagem tem um conhecimento incomparavelmente maior sobre suas ferramentas. (...) A crescente intelectualização e racionalização *não* indicam, portanto, um conhecimento maior e geral das condições sob as quais vivemos. Significa mais alguma coisa, ou seja o conhecimento ou crença em que, se quiséssemos, *poderíamos* ter esse conhecimento a qualquer momento. Significa principalmente, portanto, que não há forças misteriosas incalculáveis, mas que podemos, em princípio, dominar todas as coisas pelo cálculo. Isto significa que o mundo foi desencantado. Já não precisamos recorrer aos meios mágicos para dominar ou implorar aos espíritos. (...) Os meios técnicos e os cálculos realizam o serviço. Isto, acima de tudo, é o que significa a intelectualização.[49]

No entanto, a história não é apenas progresso linear em direção aos mundos burocráticos: há descontinuidades e estados de crise, quando as "estruturas institucionais consolidadas podem desintegrar-se, e as formas rotineiras de vida mostrar-se insuficientes para dominar um estado de crescentes tensões, pressão ou sofrimento".[50] O agente da ruptura é o líder, herói ou profeta portador do *carisma*. Esta é

> a qualidade, que passa por extraordinária (cuja origem é condicionada magicamente, quer se trate de profetas, feiticeiros, árbitros, chefes de caçadas ou comandantes militares), de uma personalidade, graças à qual esta é considerada possuidora de forças sobrenaturais, sobre-humanas – ou pelo menos

especificamente extracotidianas, não-acessíveis a qualquer pessoa – ou, então, tida como enviada de Deus, ou ainda como exemplar e, em consequência, como chefe, caudilho, guia ou líder.[51]

Com a ênfase que dá ao indivíduo extraordinário, que transcende os limites da rotina cotidiana, Weber abre espaço para um tipo de liderança capaz de produzir mudanças significativas em relações sociais marcadas pela racionalidade – seja na esfera política ou na religiosa, num tipo de dominação tradicional ou burocrática. Ao situar-se em oposição aos poderes hierocráticos tradicionais dos mágicos ou sacerdotes, o profeta ou salvador "colocou seu carisma pessoal contra a dignidade deles, consagrada pela tradição, a fim de romper seu poder ou colocá-los a seu serviço".[52]

Weber considerava que, no mais das vezes, as burocracias dominantes, como a confuciana, caracterizavam-se pelo desprezo a toda religiosidade irracional, respeitando-a apenas no interesse da domesticação das massas. As classes e estamentos (os camponeses, os artesãos, os comerciantes, os industriais etc.) relacionam-se de distintas formas com a religiosidade. O proletariado moderno e as amplas camadas da burguesia moderna, se é que tomam uma atitude religiosa unilinear, costumam sentir indiferença ou aversão pelo religioso. A consciência de depender do próprio rendimento, diz ele, é enfocada ou completada pela da dependência a respeito das puras constelações sociais, conjunturas econômicas e relações de poder sancionadas pela lei. Mas

> as camadas mais baixas do proletariado – as mais instáveis do ponto de vista econômico, de muito difícil acesso às concepções racionais – e as camadas da pequena burguesia – em decadência proletária ou em constante indigência e ameaçadas de proletarização – são presa fácil de missões religiosas, sobretudo as que adquirem forma mágica ou mágico-orgiástica. (...) Sem dúvida é mais fácil que prosperem sobre esse solo os elementos emotivos do que os racionais de uma ética religiosa.[53]

É esse um *locus* perfeito para o surgimento de lideranças carismáticas de cunho religioso ou político, de salvadores. Mas apesar de e talvez graças ao seu caráter renovador e irracional, o carisma é engolido pela lógica férrea das instituições e obrigatoriamente é *rotinizado* ou *adaptado ao cotidiano*, sendo retomado o caminho da institucionalização tradicional ou racional.

> O revolucionismo emocional é seguido pela rotina tradicionalista da vida cotidiana; o líder cruzado e a própria fé desaparecem ou, o que é ainda mais verdadeiro, a fé torna-se parte da fraseologia convencional. (...) Essa situação é especialmente rápida nas lutas de fé, porque elas são habitualmente levadas ou inspiradas por líderes autênticos, isto é, profetas da revolução. Nesse caso, tal como ocorre com a máquina de todo líder, uma das condições para o êxito é a despersonalização e rotinização, em suma, a proletarização psíquica, no

interesse da disciplina. Depois de ascenderem ao poder, os seguidores de um cruzado habitualmente degeneram muito facilmente numa camada comum de saqueadores.[54]

A SOCIOLOGIA DA RELIGIÃO

Como nas demais, também na ordem religiosa existe luta entre agentes pela imposição do seu domínio, podendo ser operadas mudanças decisivas tanto no âmbito da religião como em outras áreas da vida coletiva. Assim como na economia e na política, também tem-se assistido na vida religiosa, especialmente em algumas seitas ocidentais, ao estabelecimento de um conjunto de valores conducentes à racionalização das condutas dos fiéis. Weber considerou este um fenômeno fundamental para a transformação das práticas econômicas e para a constituição da estrutura das sociedades modernas. Portanto, o estudo da religiosidade é essencial para a compreensão das distintas formas de vida social, assim como de sua evolução, sendo a racionalização das relações sociais a mais clara tendência presente nas sociedades ocidentais – questão de grande centralidade no conflito sociopolítico internacional contemporâneo.

Na medida em que cada religião constitui uma individualidade histórica extremamente rica e complexa, uma profecia religiosa pode ter diversos conteúdos. De acordo com o interesse intelectual que o move, Weber enfatiza alguns de seus aspectos, orientando-se pelas consequências práticas da religiosidade em termos das suas possibilidades de racionalização da conduta social. Uma das fontes desse racionalismo rigorosamente realista, orientado prática e politicamente, foi a nobreza funcionária militar de Roma, que rejeitava como indecorosos o êxtase na forma orgiástica ou de euforia, assim como a dança, a música e as lutas para treinamento nos ginásios, tão apreciados pelos gregos. As congregações cristãs que sofreram influência romana não incorporaram à religiosidade ou à cultura qualquer elemento irracional, e o desenvolvimento das técnicas de salvação no Ocidente seguiu esse caminho.[55]

Em toda religião que descansa numa técnica de salvação (como o êxtase, a embriaguez, a possessão etc.) o renascimento sob o ponto de vista religioso só parece acessível à aristocracia dos religiosamente qualificados por meio de uma luta pessoal contra os apetites ou afetos da rude natureza humana, apoiada em uma *ética de virtuosos*. Mas a religião pode também fomentar o racionalismo prático. Em outras palavras, estimular uma intensificação da racionalidade metódica, sistemática, do modo de levar a vida, e uma objetivação e socialização racional dos ordenamentos terrenos.

Isto foi o que ocorreu com os mosteiros católicos cujas práticas cotidianas somadas à frugalidade dos internos tiveram como consequência inesperada um acumulo considerável de riqueza.

A diferença histórica decisiva entre as religiosidades de salvação predominantes no mundo oriental e no ocidental consiste em que a primeira desemboca essencialmente na contemplação, e a última, no ascetismo. Enquanto os *ascetas* procuravam participar nos processos do mundo, os *místicos* dispunham-se à possessão contemplativa do sagrado, estado "no qual o indivíduo não é um instrumento, mas um recipiente do divino" e portanto foge do mundo para unir-se aos deuses. A atitude religiosa *ascética* conduz o virtuoso a submeter seus impulsos naturais ao modo sistematizado de levar a vida, o que pode provocar uma reorientação da vida social da comunidade num sentido ético religioso, um domínio racional do universo. Para concentrar-se nas obras de salvação pode ser necessária uma separação do mundo – incluindo-se aí as relações familiares, os interesses econômicos, eróticos etc. (*ascetismo negador do mundo*) – ou a atividade dentro e frente à ordem do mundo (*ascetismo orientado para o mundo, secular ou intramundano*). No primeiro caso, o crente defende-se contra as distrações que a vida terrena oferece, no segundo, o mundo torna-se uma obrigação, e a missão do crente, que se torna um reformador ou revolucionário racional, consiste em transformá-lo segundo os ideais ascéticos.[56] Entregar-se aos bens mundanos põe em perigo a concentração sobre os bens de salvação: é preciso, então, negá-los. Atuar sobre as esferas seculares e submeter seus próprios impulsos naturais convertem-se, para o asceta, numa vocação que ele tem que cumprir racionalmente. Para compreender em linhas gerais a evolução e direções que tomam as doutrinas ascéticas, é necessário que se analise a natureza da organização das comunidades religiosas à luz dos processos de racionalização, especialmente aqueles que se dão após a renovação da ordem tradicional provocada pelo aparecimento de lideranças carismáticas.

Igreja é definida por Weber como uma associação de dominação que se utiliza de bens de salvação por meio da coação hierocrática exercida através de um quadro administrativo que pretende ter o monopólio legítimo dessa coação. Portanto, ela submete seus membros de modo racional e contínuo. Diferentemente de uma *congregação* – que se compõe de um conjunto de auxiliares permanentes, unidos pessoalmente a um profeta portador de carisma –, os *sacerdotes* são aqueles indivíduos socializados por meio da hierarquia administrativa, portanto constituem uma burocracia. A evolução e a organização da Igreja e da "religiosidade congregacional como uma estrutura corporativa a serviço de fins objetivos" supõem um processo de rotinização do carisma do profeta ou salvador.[57] Isto porque os mandamentos do salvador ou sua profecia pretendem levar a que os crentes modifiquem seu modo de vida a fim de alcançar um ideal sagrado e nisso são guiados pela classe sacerdotal, que vai sistematizar e tornar inteligível para os laicos o conteúdo da profecia ou tradição sagradas. Assim, se uma comunidade religiosa surge na onda de uma profecia ou da propaganda de um salvador, o controle da conduta regular cabe, primeiro, aos sucessores qualificados carismaticamente, aos alunos, discípulos dos profetas ou do salvador. Mais tarde, sob certas condições que se repetem regularmente (...) essa tarefa caberá a uma hierocracia sacerdotal, hereditária ou oficial.[58]

O processo de racionalização que ocorre na organização da comunidade religiosa reflete-se em suas concepções de mundo e nas razões que são apresentadas para explicar aos fiéis por que alguns são mais afortunados do que outros – ou seja, o sofrimento individual visto como imerecido – e por que nem sempre são os homens bons, mas os maus, os que vencem...[59] De modo geral, as religiões mais antigas proporcionavam a *teodiceia* dos mais bem aquinhoados – os "homens dominantes, os proprietários, os vitoriosos e os sadios", os dotados de "honras, poder, posses e prazer" – que viam, assim, legitimada a sua boa sorte. Mas é necessário dar respostas aos mais carentes, os oprimidos, que precisam de conforto e de esperança na redenção, fornecendo-lhes uma teodiceia do seu sofrimento, uma interpretação ética sobre "a incongruência entre o destino e o mérito". A teodiceia tinha que dar respostas também à injustiça e à imperfeição da ordem social.

> O velho problema da teodicéia consiste na questão mesma de como um poder, considerado como onipotente e bom, criou um mundo irracional, de sofrimento imerecido, de injustiças impunes, de estupidez sem esperança. Ou esse poder não é onipotente, nem bom, ou, então princípios de compensação e recompensa totalmente diversos governam nossa vida. (...) Esse problema – a experiência da irracionalidade no mundo – tem sido a força propulsora de toda evolução religiosa.[60]

Para atender às necessidades dos menos afortunados, mágicos e sacerdotes passam a exercer funções mais mundanas de aconselhamento sobre a vida, reforçadas com a criação de uma religiosidade em torno de um salvador daqueles expostos à privação, produzindo uma visão do mundo na qual o infortúnio individual possui valor positivo. No caso do cristianismo, construiu-se sobre a figura de um redentor uma explicação racional para a história da humanidade, sendo a mortificação e a abstinência voluntária justificáveis pelo seu papel na salvação. Toda necessidade de salvação é, para Weber, expressão de uma indigência e, por isso, a opressão econômica ou social é uma fonte eficiente, ainda que não exclusiva, de seu renascimento. Para deixar de ser acessível apenas aos virtuosos, a salvação e os meios para que os indigentes a alcancem assumirão distintas formas de acordo com o conteúdo da religião, sejam eles: a redenção e absolvição, a salvação pela fé e a predestinação. A salvação poderá ser atribuída não às próprias obras, mas aos atos de um herói em estado de graça ou de um deus encarnado. O pecador que obtém a absolvição mediante atos religiosos pode passar sem uma metódica vida ético-pessoal já que, nessas religiões antigas, não é valorizado o *habitus* total da personalidade, conquistado graças a uma vida ascética ou contemplativa, ou à vigilância perpétua. A salvação pela fé tampouco exige um domínio racional do mundo e sua mudança. Por fim, os indivíduos podem ser predestinados à salvação e, de acordo com o caráter da profecia na qual se origina tal interpretação, o crente tem ou não indícios sobre seu destino, o que pode ocasionar ou não uma ação transformadora no mundo.

Embora os virtuosos tenham procurado ser exemplares na sua prática religiosa, as exigências da vida cotidiana e de incorporação da massa dos não-virtuosos, os não-qualificados religiosamente, reclamam certos ajustes. As concessões que daí se originaram tiveram grande significado para a vida cotidiana, especialmente do ponto de vista do estabelecimento de uma ética racional voltada para o trabalho e para a prática econômica, tradicionais fontes de atrito com a moralidade religiosa. "Em quase todas as religiões orientais, os religiosos permitiram que as massas permanecessem mergulhadas na tradição", mas dá-se uma grande diferença quando os virtuosos organizam-se numa seita ascética "lutando para modelar a vida nesse mundo segundo a vontade de um deus".[61] Com isso, propunham-se regras de conduta para os crentes, e sua própria vida individual passava a ser orientada por princípios racionalizadores. Para escapar à relação tensa que sempre existira entre o mundo econômico e uma ética de fraternidade, colocam-se duas alternativas: a ética puritana da vocação ou o misticismo. Se este último é uma fuga do mundano por meio "de uma dedicação sem objeto a todos", unicamente pela devoção, o puritano "renunciou ao universalismo do amor e rotinizou racionalmente todo o trabalho neste mundo, como sendo um serviço à vontade de Deus e uma comprovação de seu estado de graça".[62]

De acordo com suas características, cada ética religiosa penetra diferentemente na ordem social (por exemplo, nas relações familiares, com o vizinho, os pobres e os mais débeis), na punição do infrator, na ordem jurídica e na econômica (como no caso da usura), no mundo da ação política, na esfera sexual (inclusive a atitude a respeito da mulher) e na da arte. Ao produzirem um desencantamento do mundo e bloquearem a possibilidade de salvação por meio da fuga contemplativa, as seitas protestantes ocidentais – que trilharam a via do ascetismo secular e romperam a dupla ética que distinguia monges e laicos – fomentaram uma racionalização metódica da conduta... que teve intensos reflexos na esfera econômica!

Na tentativa de combater as interpretações economicistas ou psicologizantes das religiões e de sua evolução, Weber abordou "os motivos que determinaram as diferentes formas de racionalização ética da conduta da vida *per se*" e procurou explicações internas à própria esfera religiosa.

> Nossa tese não é de que a natureza específica da religião constitui uma simples função da camada que surge como sua adepta característica, ou que ela represente a ideologia de tal camada, ou que seja um reflexo da situação de interesse material ou ideal.[63]

O que Weber faz aqui é uma referência à necessidade de se questionar a unilateralidade da tese materialista, complementando-a com outras vias de interpretação, nesse caso, a relação entre uma ética religiosa e os fenômenos econômicos e sociais, ou melhor, os tipos de conduta ou de modos de agir que possam ser mais favoráveis a certas formas de organização da esfera econômica e a uma ética econômica. E conclui: "Sempre que a direção da totalidade do modo de vida foi racionalizada metodicamente, ela foi profundamente determinada por valores últimos" religiosamente condicionados.[64] Através da análise de uma das direções em que evolui a esfera religiosa no sentido de uma racionalização crescente, Weber encontrará a base para explicar o predomínio de concepções e práticas econômicas racionalizadas nas sociedades ocidentais. A autonomia da instância religiosa é o pressuposto para que se considere o desenvolvimento das doutrinas e dos sistemas de explicação religiosos a partir da lógica de funcionamento do seu próprio campo. Não há elementos materiais ou psicológicos que sejam determinantes desse processo: as relações entre os diversos agentes religiosos são o fundamento principal de toda causalidade nessa área. No caso de algumas seitas protestantes, as tensões entre os campos econômico e religioso são superadas, e podemos dizer que a afinidade eletiva entre os elementos dominantes em cada um deles reforça o desenvolvimento da ética ascética e do capitalismo enquanto uma forma de orientar a ação econômica.

TENDÊNCIA À RACIONALIZAÇÃO E BUROCRACIA

Se quiséssemos caracterizar, em uma só ideia, a marca distintiva que Weber identifica nas sociedades ocidentais contemporâneas, esta seria de que o mundo tende inexoravelmente à racionalização em todas as esferas da vida social. Dizem seus biógrafos:

> Até mesmo uma área de experiência tão interiorizada e aparentemente subjetiva como a da música se presta a um trabalho sociológico sobre o conceito de racionalização de Weber. A fixação de padrões de acordes através de uma anotação mais concisa e o estabelecimento da escala bem temperada; a música tonal harmoniosa e a padronização do quarteto de sopro e dos instrumentos de corda como o núcleo da orquestra sinfônica. Tais fatos são vistos como racionalizações progressivas. Os sistemas musicais da Ásia, as tribos indígenas pré-letradas da Antiguidade e do Oriente Médio, são comparáveis no que se relaciona com o seu âmbito e grau de racionalização.[65]

O próprio estudo que elabora sobre a Sociologia da religião visa a "contribuir para a tipologia e Sociologia do racionalismo", e por isso "parte das formas mais racionais que a realidade pode assumir", ou seja, as típico--ideais. Procura, assim, "descobrir até que ponto certas conclusões racionais, que podem ser estabelecidas teoricamente, foram realmente formuladas. E talvez descubramos por que não".[66] Isto não significa que outras formas de atividade, que se tornaram altamente racionalizadas, sempre tivessem tido tal orientação, mesmo no caso da ação econômica que hoje se utiliza amplamente do cálculo como técnica racional. Em sua forma primitiva, todo afanar-se dos homens por sua alimentação é muito semelhante àquilo que nos animais tem lugar sob o império dos instintos. Do mesmo modo, encontra-se pouco desenvolvido o grau de calculabilidade da ação econômica conscientemente orientada pela devoção religiosa, pela emoção guerreira, pelos impulsos de piedade ou por outros afetos semelhantes.[67]

Um dos meios através do qual essa tendência à racionalização se atualiza nas sociedades ocidentais é a organização burocrática. Da administração pública à gestão dos negócios privados, da máfia à polícia, dos cuidados com a saúde às práticas de lazer, escolas, clubes, partidos políticos, igrejas, todas as instituições, tenham elas fins ideais ou materiais, estruturam-se e atuam através do instrumento cada vez mais universal e eficaz de se exercer a dominação que é a burocracia.

Entre os três tipos puros de dominação legítima, a racional ou legal é a forma de organização na qual mais se reduz a importância de outras influências como a riqueza, os costumes, a parentela e os amigos, substituindo-as por leis ou regulamentações administrativas. As ordens passam a ser dadas de maneira previsível e estável; cuida-se da execução dos deveres e dos direitos dos que se submetem a ela; a especialização necessária para o exercício de cargos ou funções é claramente determinada; apelam-se para as normas e os registros escritos, os arquivos, "o sistema de leis, aplicadas judicial ou administrativamente de acordo com determinados princípios, vale para todos os membros do grupo social". A burocracia enquanto tipo ideal pode organizar a dominação racional-legal por meio de uma incomparável superioridade técnica que garanta precisão, velocidade, clareza, unidade, especialização de funções, redução do atrito, dos custos de material e pessoal etc. Ela deve também eliminar dos negócios "o amor, o ódio e todos os elementos sensíveis puramente pessoais, todos os elementos irracionais que fogem ao cálculo".[68] A organização burocrática é hierárquica, e o recrutamento para seus quadros dá-se através de concursos ou de outros critérios objetivos. Funcionários que pudessem ser eleitos pelos governados modificariam o rigor da subordinação hierárquica já que isto estabeleceria uma relativa autonomia frente ao seu superior. O tipo ideal do burocrata é o do funcionário que age em cooperação com outros, cujo ofício é separado de sua vida familiar e pessoal, regulamentado por mandatos e pela exigência de competência, conhecimento e perícia e que não pode usar dos bens do

Estado em proveito próprio ou apropriar-se deles. O salário é determinado de acordo com o cargo e existe uma carreira que estrutura a hierarquia. Ao ocupar um posto, o funcionário

> não se subordina – como, por exemplo, sucede na forma de dominação feudal ou patrimonial – a uma pessoa como a um senhor ou patriarca, mas coloca-se a serviço de uma finalidade objetiva impessoal. (...) O funcionário público, por exemplo – pelo menos num estado moderno avançado –, não é considerado um empregado particular de um soberano.[69]

Embora configurações burocráticas tenham existido no Egito e na China antigos, e seja também desse modo que se organize a Igreja romana, essa é por excelência a forma do Estado moderno que assim expressa a racionalização da dominação política por parte dos grupos que o controlam, seja numa sociedade capitalista ou socialista. Dotada de inúmeras facetas, a organização burocrática tanto pode exacerbar o centralismo decorrente da racionalização, e com isso superar os valores democráticos, como representar um elemento de democratização já que, diante da norma burocrática, todos são em princípio rigorosamente iguais. Weber acreditava que a racionalização acentuar-se-ia ainda mais nas sociedades em que a propriedade dos meios de produção fosse coletivizada. Tais considerações teóricas inspirarão as ciências administrativas assim como os estudos sobre organizações formais e dos partidos políticos.

O processo de burocratização também ocorre na economia e na empresa modernas a partir do estabelecimento de um controle contábil de custos, de formas racionais de organização do trabalho e da mecanização. Com a finalidade de obter o máximo lucro, as empresas capitalistas procuram organizar de modo racional o trabalho e a produção, necessitando, para tanto, garantir-se contra as irracionalidades dos afetos e das tradições que perturbam a calculabilidade indispensável ao seu desenvolvimento. Os indivíduos tenderiam, igualmente, a se tornar mais racionais em suas ações. A disciplina da moderna fábrica capitalista espelha-se na disciplina militar, mas utiliza-se de métodos completamente racionais como aqueles desenhados pela administração científica que o autor conheceu nos Estados Unidos. As sociedades modernas caminham no sentido de uma crescente racionalidade e burocratização também em suas formas de conhecimento, como é o caso da ciência.

Weber enlaça esses temas e responde às suas indagações mais persistentes e fundamentais sobre o desenvolvimento do capitalismo no Ocidente e a racionalização da conduta promovida por um sistema ético, por meio do que se torna sua obra mais conhecida: *A ética protestante e o espírito do capitalismo.*

RACIONALIZAÇÃO E CAPITALISMO

Entre os elementos específicos das sociedades ocidentais que teriam levado ao surgimento e desenvolvimento do capitalismo não se destacam o incremento da população nem a afluência de metais preciosos. Tal processo ocorrera por meio "da empresa permanente e racional, da contabilidade racional, da técnica racional e do Direito racional. A tudo isso se deve ainda adicionar a ideologia racional, a racionalização da vida, a ética racional da economia."[70] Em suma, o capitalismo vinculava-se à racionalização na vida prática. Foi a presença muito significativa de protestantes de várias seitas entre os empresários e os trabalhadores qualificados nos países capitalistas mais industrializados que sugerira a Weber a possibilidade da existência de algum tipo de afinidade particular entre certos valores presentes na época do surgimento do capitalismo moderno e aqueles disseminados pelo calvinismo. Por meio da análise de obras de puritanos e de autores que representavam a ética calvinista – baseada numa atividade incessante no mundo – Weber procurou encontrar uma possível relação entre valores e condições para o estabelecimento do capitalismo. Para os puritanos,

> a perda de tempo (...) é o primeiro e o principal de todos os pecados. (...) A perda de tempo, através da vida social, conversas ociosas, do luxo e mesmo do sono além do necessário para a saúde – seis, no máximo oito horas por dia – é absolutamente dispensável do ponto de vista moral.[71]

Por isso, até mesmo o esporte deveria "servir a uma finalidade racional: a do restabelecimento necessário à eficiência do corpo" e nunca como diversão ou como meio "de despertar o orgulho, os instintos, ou o prazer irracional do jogo". Por motivos semelhantes reprovava-se o teatro – o que angariou o ódio e o desprezo de Shakespeare pelos puritanos – e as demais atividades estéticas e artísticas como a poesia, a música, a literatura e até mesmo as que se referiam ao vestuário e à decoração pessoal.

Para fundar as possíveis conexões ou paralelos entre as mudanças na esfera religiosa e as transformações na economia, Weber cita máximas publicadas pelo norte-americano Benjamin Franklin, em meados do século 18, as quais servem de expressão do que ele está chamando de *espírito do capitalismo*:

> Lembra-te de que tempo é dinheiro. Aquele que pode ganhar dez xelins por dia por seu trabalho e vai passear ou fica vadiando metade do dia, embora não dispenda mais do que seis pences durante seu divertimento ou vadiação, não deve computar apenas essa despesa; gastou, na realidade, ou melhor, jogou fora, cinco xelins a mais. Lembra-te deste refrão: o bom pagador é o dono da bolsa alheia. Aquele que é conhecido por pagar pontual e exatamente na data prometida, pode, em qualquer momento, levantar tanto dinheiro quanto seus amigos possam dispor. Isso é, às vezes, de grande utilidade. Depois da

industriosidade e da frugalidade, nada contribui mais para um jovem subir na vida do que a pontualidade e a justiça em todos os seus negócios; portanto, nunca conserves dinheiro emprestado uma hora além do tempo prometido, senão um desapontamento fechará a bolsa de teu amigo para sempre. O som de teu martelo às cinco da manhã ou às oito da noite, ouvido por um credor, o fará conceder-te seis meses a mais de crédito; ele procurará, porém, por seu dinheiro no dia seguinte se te vir em uma mesa de bilhar ou escutar tua voz numa taverna quando deverias estar no trabalho.[72]

O trabalho torna-se portanto um valor em si mesmo, e o operário ou o capitalista puritanos passam a viver em função de sua atividade ou negócio e só assim têm a sensação da tarefa cumprida. O puritanismo condenava o ócio, o luxo, a perda de tempo, a preguiça.

Assim, a peculiaridade dessa filosofia da avareza parece ser o ideal de um homem honesto, de crédito reconhecido e, acima de tudo, a ideia do dever de um indivíduo com relação ao aumento de seu capital, que é tomado como um fim em si mesmo. Na verdade, o que é aqui pregado não é uma simples técnica de vida, mas sim uma ética peculiar, cuja infração não é tratada como uma tolice, mas como um esquecimento do dever. (...) Não é mero bom senso comercial (...) mas, sim, um *ethos*.[73]

Para estarem seguros quanto à sua salvação, ricos e pobres deveriam trabalhar sem descanso, "o dia todo em favor do que lhes foi destinado" pela vontade de Deus, e glorificá-lo por meio de suas atividades produtivas. Estas tinham se tornado um dever a ser metodicamente executado, possuindo um fim em si mesmas. Assim, os puritanos prescrevem: "Contra as dúvidas religiosas e a inescrupulosa tortura moral, e contra todas as tentações da carne, ao lado de uma dieta vegetariana e banhos frios, trabalha energicamente em tua Vocação."[74] Essa ética tinha como resultado operários disciplinados

que se aferravam ao trabalho como a uma finalidade de vida desejada por Deus. Dava-lhes, além disso, a tranquilizadora garantia de que a desigual distribuição da riqueza deste mundo era obra especial da Divina Providência que, com essas diferenças e com a graça particular, perseguia seus fins secretos, desconhecidos do homem.[75]

E, por outro lado, empresários que se sentiam abençoados ao estar inteiramente dedicados à produção de riqueza. Weber identificou a presença desse conjunto de valores nos Estados Unidos, na Holanda e na Alemanha e notou que seu desenvolvimento favorecera "uma vida econômica racional e burguesa". A essa dedicação verdadeiramente religiosa ao trabalho ele chamou *vocação*, fruto de um *ascetismo mundano*, oposto ao ascetismo católico em dois pontos fundamentais: primeiro, no seu caráter de ação metódica no mundo e, segundo, na valorização do sucesso econômico.

... o trabalho é velho e experimentado instrumento ascético, apreciado mais do que qualquer outro na Igreja do Ocidente, em acentuada contradição não só com o Oriente, mas também com quase todas as ordens monásticas do mundo.[76]

O trabalho vocacional é, como dever de amor ao próximo, uma dívida de gratidão à graça de Deus (...) não sendo do agrado de Deus que ele seja realizado com relutância. O cristão deve assim mostrar-se industrioso em seu trabalho secular.[77]

Deve-se lembrar que a doutrina católica, dominante naquela época, condenava a ambição do lucro e a usura. Para os calvinistas, no entanto, desejar ser pobre era algo que soava tão absurdo como desejar ser doente; "a prosperidade era o prêmio de uma vida santa". O mal não se encontrava na posse da riqueza, mas no seu uso para o prazer, o luxo, o gozo espontâneo e a preguiça. Essa moralidade levou a que alguns milionários norte-americanos preferissem não legar sua fortuna aos próprios filhos como meio de temperá-los no esforço produtivo. "Para os calvinistas, o deus inescrutável tem seus bons motivos para repartir desigualmente os bens de fortuna, e o homem se prova exclusivamente no trabalho profissional."[78] Segundo Weber, a adoção dessa nova perspectiva trazida pelo protestantismo permite aos primeiros empresários reverter sua condição de baixo prestígio social e se transformarem nos heróis da nova sociedade que se instalava. Essa ética teve consequências marcantes sobre a vida econômica e, ao combinar a "restrição do consumo com essa liberação da procura da riqueza, é óbvio o resultado que daí decorre: a acumulação capitalista através da compulsão ascética da poupança".[79] Mas este foi apenas um impulso inicial. A partir dele, o capitalismo libertou-se do abrigo de um espírito religioso e a busca de riquezas passou a associar-se a paixões puramente mundanas. O capitalismo moderno já não necessita mais do suporte de qualquer força religiosa e sente que a influência da religião sobre a vida econômica é tão prejudicial quanto a regulamentação pelo Estado.

Weber adverte ter analisado apenas uma das possíveis relações entre o protestantismo ascético e a cultura contemporânea e que não pretendeu contrapor sua análise ao materialismo de Marx, mas evidenciar as outras conexões causais possíveis que contribuem para a realização de uma individualidade histórica concreta: o capitalismo ocidental. Para iniciar o exame dessas relações, elaborou um modelo abstrato, um tipo ideal, do que chamou de *espírito do capitalismo*, composto dos elementos que considerou serem seus aspectos definitórios.

CONCLUSÕES

A possibilidade de entender a estrutura social como um conjunto de múltiplas lógicas oferece ricas perspectivas de análise para sociedades cada vez mais complexas. As diferenças sociais, os princípios diversificados que as produzem e a irredutibilidade dos fenômenos sociais de esferas específicas são balizas fundamentais para se pensar as sociedades do século 20. A ênfase no conceito de dominação como parte integrante das relações sociais em qualquer esfera é outro instrumento precioso para se entender a natureza dessas relações. As tendências à informatização no comércio, na indústria, no Estado, nos sistemas financeiros etc., podem também ser analisadas adequadamente com os conceitos de burocratização e racionalização. A gama de temas e de possibilidades que são abertos por Weber são a demonstração de que se trata de um clássico no sentido mais vigoroso da expressão. A complexidade e a abrangência de sua Sociologia, portanto, tornam difícil a tarefa de sintetizar toda a riqueza teórica nela contida. Procurar a unidade de sua obra é como montar um quebra-cabeça – atraente e instigante – que permite múltiplas combinações.

NOTAS

[1] Visão de mundo.

[2] WEBER. A ciência como vocação, p. 180.

[3] WEBER. A ciência como vocação, p. 170-171.

[4] WEBER. A objetividade do conhecimento nas Ciências Sociais, p. 91.

[5] A ciência social é incluída por Weber na categoria das ciências da cultura desde que estude "os acontecimentos da vida humana a partir de sua significação cultural".

[6] Weber questiona a unilateralidade da interpretação materialista da história a qual, ao explicar a causalidade dos fenômenos culturais, rebaixa a causas acidentais e cientificamente insignificantes todos os fatores que não se refiram aos interesses materiais.

[7] WEBER. A objetividade do conhecimento nas Ciências Sociais, p. 96. Weber discute a influência que representou, para as ciências históricas e culturais, o sucesso da biologia moderna e de seu princípio de ordenamento da realidade em um esquema de leis gerais. A impossibilidade do uso desse esquema estava em que o método dedutivo exigia um conhecimento da

totalidade da realidade histórica como ponto de partida indispensável para o que parecia ser válido e científico.

[8] WEBER. A objetividade do conhecimento nas Ciências Sociais, p. 116.

[9] WEBER. Rejeições religiosas do mundo e suas direções, p. 372.

[10] As ciências da cultura procuram explicar as obras humanas, o que os homens criaram: suas leis, instituições jurídicas, políticas, sua organização familiar, arte, suas crenças religiosas, valores morais, atividades econômicas, seus sistemas de conhecimento.

[11] WEBER. *Economía y sociedad*, p. 18.

[12] WEBER. *Economía y sociedad*, p. 5.

[13] WEBER. *Economía y sociedad*, p. 20.

[14] Tanto ações sustentadas numa ética dos fins últimos (a que faz do valor um fim em si mesmo) quanto aquelas que, pautadas apenas por um cálculo racional, visam atingir determinados fins utilizando quaisquer meios deságuam em paradoxos, porquanto ambas passam por alto as consequências que podem recair sobre os outros. Quem é capaz de modificar sua conduta devido a essa consciência orienta-se segundo uma ética de responsabilidade, a qual suplementa a ética da convicção ou das certezas absolutas. Essa decisão não exclui o comprometimento e a paixão por uma causa, tampouco aceita que os fins justifiquem o uso de quaisquer meios.

[15] WEBER. *Economía y sociedad*, p. 22.

[16] WEBER. *Economía y sociedad*, p. 12.

[17] WEBER. *Economía y sociedad*, p. 25.

[18] WEBER. *Economía y sociedad*, p. 27.

[19] WEBER. *Economía y sociedad*, p. 683.

[20] Weber enumera, entre outras, a propriedade de edifícios, terras cultiváveis, estabelecimentos, armazéns, minas, gado, escravos, controle do próprio trabalho e do trabalho de outros.

[21] Para Weber, a Sociologia e a História, ciências empíricas da ação, compreendem a ação ao interpretarem o seu sentido. O sociólogo compreende com grau máximo de evidência as conexões de sentido racionais e, com crescente dificuldade, as ações que sofrem a influência de irracionalidades ou as que são orientadas por valores, principalmente se não for sensível a eles e quer conseguir revivê-los. Cabe também à Sociologia o estudo das

regularidades, os modos típicos de desenvolvimento da ação, enquanto a História estuda as conexões singulares.

[22] WEBER. *Economía y sociedad*, p. 683.

[23] Os escravos, no entanto, mesmo sendo trabalhadores, e até mesmo qualificados, constituem um grupo de status ou estamento, não uma classe, porque o seu destino não está determinado por qualquer oportunidade de valorizar sua situação no mercado econômico por meio de seu trabalho ou de seus bens.

[24] Comunidade é uma relação social na qual a atitude na ação social "inspira-se no sentimento subjetivo dos participantes de constituir um todo" e sociedade "inspira-se em uma compensação de interesses por motivos racionais de fins ou de valores ou também em uma união de interesses". WEBER. *Economía y sociedad*, p. 33.

[25] WEBER. *Economía y sociedad*, p. 687-688.

[26] Estes seriam os personagens que se converteram em mitos fundadores da nação norte-americana: uma princesa nativa, os primeiros puritanos ingleses e os holandeses que migraram e se estabeleceram na região.

[27] WEBER. *Economía y sociedad*, p. 688.

[28] WEBER. Índia: o brâmane e as castas, p. 460.

[29] WEBER. *Economía y sociedad*, p. 693.

[30] WEBER. *Economía y sociedad*, p. 683.

[31] WEBER. *Economía y sociedad*, p. 691-692.

[32] WEBER. Índia: o brâmane e as castas, p. 459.

[33] WEBER. *Economía y sociedad*, p. 692.

[34] Uma forte discriminação referente aos descendentes daqueles trabalhadores que se dedicavam a lidar com a carne e o couro ainda pode ser verificada atualmente na sociedade japonesa.

[35] WEBER. *Economía y sociedad*, p. 353.

[36] WEBER. *Economía y sociedad*, p. 693. Prebendas são pagamentos vitalícios ou se devem ao usufruto de rendas auferidas graças ao desempenho de deveres num cargo.

[37] WEBER. *Economía y sociedad*, p. 43. Como diria Rousseau, em *Do contrato social*: "Ceder à força constitui ato de necessidade, não de vontade;

quando muito, ato de prudência. Em que sentido poderá representar um dever?"

[38] WEBER. *Economía y sociedad*, p. 693.

[39] WEBER. *Economía y sociedad*, p. 699.

[40] WEBER. *Economía y sociedad*, p. 706-707.

[41] WEBER. A política como vocação, p. 99.

[42] WEBER. *Economía y sociedad*, p. 31.

[43] Weber esclarece que, embora desde sua perspectiva a Sociologia não reconheça uma personalidade coletiva em ação, o conceito de Estado é um conceito coletivo significativo para os indivíduos que por ele orientam sua conduta.

[44] WEBER. *Economía y sociedad*, p. 683.

[45] WEBER. *A ética protestante e o espírito do capitalismo*, p. 34.

[46] WEBER. *Economía y sociedad*, p. 172.

[47] Ver COHN. *Crítica e resignação* - fundamentos da Sociologia de Max Weber.

[48] WEBER. A ciência como vocação, p. 182.

[49] WEBER. A ciência como vocação, p. 165.

[50] GERTH; MILLS. Orientações intelectuais, p. 69-70.

[51] WEBER. *Economía y sociedad*, p. 193.

[52] WEBER. Rejeições religiosas do mundo e suas direções, p. 376.

[53] WEBER. *Economía y sociedad*, p. 389.

[54] WEBER. A política como vocação, p. 149.

[55] WEBER. *Economía y sociedad*, p. 437.

[56] WEBER. *Economía y sociedad*, p. 429.

[57] WEBER. *Economía y sociedad*, p. 379.

[58] WEBER. Rejeições religiosas do mundo e suas direções, p. 376.

[59] WEBER. A psicologia social das religiões mundiais, p. 318.

[60] WEBER. A política como vocação, p. 146.

[61] WEBER. A política como vocação, p. 334.

[62] WEBER. Rejeições religiosas do mundo e suas direções, p. 381.

[63] WEBER. A psicologia social das religiões mundiais, p. 312.

[64] WEBER. A psicologia social das religiões mundiais, p. 330.

[65] GERTH; MILLS. Orientações intelectuais, p. 69.

[66] WEBER. Rejeições religiosas do mundo e suas direções, p. 372.

[67] WEBER. *Economía y sociedad*, p. 82.

[68] WEBER. *Economía y sociedad*, p. 732.

[69] WEBER. *Economía y sociedad*, p. 719.

[70] WEBER. Origem do capitalismo moderno, p. 169.

[71] WEBER. *A ética protestante e o espírito do capitalismo*, p. 112.

[72] WEBER. *A ética protestante e o espírito do capitalismo*, p. 29-30.

[73] WEBER. *A ética protestante e o espírito do capitalismo*, p. 31.

[74] WEBER. *A ética protestante e o espírito do capitalismo*, p. 113.

[75] WEBER. *A ética protestante e o espírito do capitalismo*, p. 127.

[76] WEBER. *A ética protestante e o espírito do capitalismo*, p. 112-113.

[77] WEBER. *A ética protestante e o espírito do capitalismo*, p. 205.

[78] WEBER. *Economía y sociedad*, p. 461.

[79] WEBER. *A ética protestante e o espírito do capitalismo*, p. 124.

BIBLIOGRAFIA

COHN, Gabriel. *Crítica e resignação* - fundamentos da Sociologia de Max Weber. São Paulo: T. A. Queiroz, 1979.

GERTH, Hans; MILLS, Wright. Orientações intelectuais. In: _____. *Max Weber*. Ensaios de Sociologia. Tradução de Waltensir Dutra. Rio de Janeiro: Zahar, 1979.

WEBER, Max. A ciência como vocação. In: GERTH, Hans; MILLS, Wright. *Max Weber.* Ensaios de Sociologia. Tradução de Waltensir Dutra. Rio de Janeiro: Zahar, 1979.

WEBER, Max. A política como vocação. In: GERTH, Hans; MILLS, Wright. *Max Weber.* Ensaios de Sociologia. Tradução de Waltensir Dutra. Rio de Janeiro: Zahar, 1979.

WEBER, Max. *A ética protestante e o espírito do capitalismo.* Tradução de Irene Szmerecsányi e Tamás Szmerecsányi. São Paulo: Pioneira/UnB, 1981.

WEBER, Max. A objetividade do conhecimento nas Ciências Sociais. In: COHN, Gabriel (Org.). *Max Weber:* Sociologia. Tradução de Amélia Cohn e Gabriel Cohn. 2. ed. São Paulo: Ática, 1982. p. 79-127.

WEBER, Max. A psicologia social das religiões mundiais. In: GERTH, Hans; MILLS, Wright. *Max Weber.* Ensaios de Sociologia. Tradução de Waltensir Dutra. Rio de Janeiro: Zahar, 1979.

WEBER, Max. *Economía y sociedad.* México: Fondo de Cultura, 1984.

WEBER, Max. Índia: o brâmane e as castas. In: GERTH, Hans; MILLS, Wright. *Max Weber.* Ensaios de Sociologia. Tradução de Waltensir Dutra. Rio de Janeiro: Zahar, 1979.

WEBER, Max. Origem do capitalismo moderno. In: TRAGTEMBERG, Maurício. *Textos selecionados* – Max Weber. Tradução de Maurício Tragtemberg et al. São Paulo: Abril Cultural, 1980. (Coleção Os Pensadores)

WEBER, Max. Rejeições religiosas do mundo e suas direções. In: GERTH, Hans; MILLS, Wright. *Max Weber.* Ensaios de Sociologia. Tradução de Waltensir Dutra. Rio de Janeiro: Zahar, 1979.

CONSIDERAÇÕES FINAIS

Do ponto de vista da produção sociológica contemporânea, pode-se dizer que a herança legada por Marx, Durkheim e Weber não foi desperdiçada. A teoria sociológica clássica – debatida, interpretada e criticada em instituições acadêmicas e de pesquisa, assim como no interior de partidos e movimentos políticos – rendeu frutos. Continuam a desenvolver-se novas correntes de pensamento, filiadas explicitamente ou não à produção marxiana, durkheimiana ou weberiana, algumas delas com claros propósitos de síntese.

Mas, apesar da indiscutível grandeza da obra dos clássicos da Sociologia, pode-se objetar, por exemplo, que algumas das "previsões" que nela foram identificadas nem sempre ou só parcialmente se cumpriram. Pode-se mencionar, dentre outras, as que disseram respeito à diminuição da importância da religiosidade como consequência do processo de secularização, à decadência econômica do modo de produção capitalista e à constituição da vida social com base em valores radicalmente mais humanos e solidários. Contudo, ao contrário de desacreditar a obra dos clássicos ou de desmerecer a ciência em nome da qual abordavam a vida social, essas insuficiências só serviram como estímulo à investigação sociológica acerca de um objeto que frequentemente conduz a novos temas e ao questionamento de análises aparentemente "acabadas". Essa é inclusive uma das dimensões da vitalidade da Sociologia.

Marx talvez tenha sido, dentre os clássicos, o que gerou o debate mais prolífico. Seja em oposição a ele, ou a seu favor, organiza-se boa parte da produção da teoria social contemporânea. Já foi apontado que a teoria marxiana não conseguiu resolver o dilema entre a potencialidade transformadora da ação individual e os limites que lhe são postos pela estrutura socioeconômica. Embora insista no caráter ativo do indivíduo, indispensável para revolucionar as estruturas sociais, Marx ressalta que as condições materiais servem como moldura restritiva do alcance dos atos individuais, delimitando as ações historicamente realizáveis. Sua afirmação de que "os homens fazem sua própria história, mas não a fazem a seu livre arbítrio e, sim sob aquelas circunstâncias com que se encontram diretamente, que existem e que o passado transmite" pode ser entendida como expressão da dificuldade de integrar esses níveis conceituais tão distintos. Não é clara a resposta: se é o indivíduo que move e produz a história das sociedades, ou se esta é o resultado coletivo das transformações acumuladas a partir da evolução das forças produtivas e, nesse caso, os homens assumiriam meramente o papel de animadores dessas condições sem vida.

Por outro lado, a utilização de um modelo dicotômico de classes sociais, fundado nas relações sociais de produção e nos tipos de apropriação dos meios de produção que lhes são correspondentes, é um instrumento de análise que tem se mostrado incapaz de situar o amplo espectro de relações sociais que o próprio capitalismo concorrencial já anunciava. Algumas dessas desigualdades sociais, como é o caso da que se verifica entre os sexos ou etnias, foram ou continuam a ser tratadas como expressões secundárias daquela impressa pela estrutura, ou seja: reduziram-se meramente a variáveis explicativas do modelo dicotômico. O fato de Marx não ter legado uma teoria acabada das classes sociais justifica, pelo menos em parte, a precariedade dessa abordagem.

Por fim, o enfoque histórico-materialista, constituído em explicação última da vida social, enfatiza um tipo de causalidade que não consegue dar conta da complexidade e diversidade de certos fenômenos superestruturais como as ideologias, as formas que assumem as associações políticas, as religiões, as manifestações culturais e jurídicas que se manifestam em estruturas com perfis bastante semelhantes. A conhecida carta de Engels a Bloch já expressava um certo temor em relação à disseminação de interpretações deterministas e economicistas, mas deu a elas uma resposta ambígua, sugerindo, portanto, a dificuldade de uma solução definitiva para a questão no marco traçado pelo materialismo histórico. Weber foi o primeiro a apontar, de modo coerente, essa insuficiência.

Em um certo sentido, podemos dizer que a evolução histórica recente – a queda dos regimes socialistas do leste europeu e o consequente impacto desse e de outros eventos sobre a concepção clássica de "socialismo" – tornou mais crítica a situação do marxismo. Mas devemos ressaltar que, como Weber e Durkheim, Marx teve seu pensamento revisitado de formas muito ricas e criativas. Fora das perspectivas mais doutrinárias, podemos encontrar seu arcabouço teórico informando análises sobre o processo de constituição das identidades de classes sociais ou dos mecanismos de luta pelo controle do processo produtivo e das relações sociais. O determinismo econômico que imperava no marxismo clássico cede espaço a determinações sociais, culturais, políticas, e os atores coletivos surgem com força afastando a concepção do predomínio das estruturas.

A contribuição de Durkheim, embora seja de inegável valor e até hoje permaneça como reconhecida referência para aqueles interessados nas questões sociais, deixa também em aberto algumas questões polêmicas. A ênfase durkheimiana na coesão social e na solidariedade levou o autor a dar um tratamento marginal ao tema do conflito assim como das desigualdades sociais. Embora tenha procurado abordar essa problemática desde o ponto de vista da desintegração dos laços indivíduo e sociedade – o que pode ser verificado tanto nos últimos capítulos da *Divisão do trabalho social* como em *O suicídio* – seu enfoque dirigiu-se à consideração do enfraquecimento ou da carência de uma moralidade pressuposta, responsável pelos vínculos entre os indivíduos, ou de um desvio em relação a uma via adequada. O prisma sob o qual o conflito é analisado é o da moral, de modo que a coesão continua a ser o ponto de partida, o estado normal. Desde que se criasse uma ética e um direito ajustados aos novos tempos, aqueles distúrbios e insatisfações tenderiam a extinguir-se.

Embora Durkheim considere que não existe associação sem seu substrato: o indivíduo – através de quem se expressa a vida social – ao privilegiar a sociedade, seu enfoque produz a imagem de ente quase materializado, sobre-humano. O indivíduo é, afinal, o produto de um ser que adquiriu vida própria. A dicotomia indivíduo/sociedade, que perpassa toda a sua obra, polariza a análise sem incorporar de modo significativo níveis intermediários.

Mas a contribuição fundamental de Durkheim, no sentido de definir claramente o conjunto de problemas propriamente sociológicos, permanece válida, e parte considerável da Sociologia contemporânea é tributária do seu conceito de representações coletivas, o qual aparece hoje, sob diversas formas, nos estudos sobre o simbólico.

Weber apoia-se no ponto diametralmente oposto ao de Durkheim ao rejeitar a existência de associações ou de instituições que tenham qualquer precedência sobre o indivíduo, ou mesmo que possam adquirir vida própria, desvinculada daquilo que lhes dá origem: a ação dotada de sentido, empreendida por um sujeito. O autor possibilita, pelas suas escolhas metodológicas, algum tipo de desenvolvimento teórico por linhas individualistas. No entanto, foi justamente sua preocupação com o ponto de partida individual para a análise de fenômenos situados no plano coletivo o que permitiu à Sociologia mais recente criar perspectivas mais realistas e rigorosas no entendimento de fenômenos sociais. Sua proposta metodológica é parte integrante dos mais recentes avanços da pesquisa sociológica, e os conceitos por ele criados são essenciais para a compreensão dos processos sociais modernos. A noção de "dominação" abre inúmeras perspectivas de análise, seja no plano dos processos de legitimação de certos formatos para as relações sociais, seja no da constituição e hierarquização dos grupos sociais dos mais diferentes tipos. A teoria weberiana é o instrumento essencial para compreender o Estado contemporâneo, os movimentos sociais e os vários tipos de ação coletiva, ou ainda as mais sutis formas de distinção presentes no mundo moderno, seja qual for o seu princípio fundador.

Mas a grandeza e os limites do pensamento weberiano talvez se encontrem no ponto em que se cruzam racionalidade e carisma, indivíduo e história. A crítica aos processos burocratizantes e mediocrizantes advindos da crescente racionalização do mundo coaduna-se com a resignação frente à derrota eterna do indivíduo pelas instituições e pela roda da História. Mas não haveria aqui um certo desequilíbrio entre o peso da dimensão coletiva e a responsabilidade excessiva atribuída ao indivíduo carismático enquanto agente de transformação? Em outras palavras, em que medida o ponto de partida profundamente individualista de seu sistema permitiria reconhecer o papel dos atores coletivos como agentes da mudança histórica?

A Sociologia – tanto como busca de soluções para os impasses nascidos com as sociedades modernas quanto em função dos caminhos que a ciência vem abrindo – tem como marca de seu destino buscar incessantemente respostas a problemas que se colocam com o próprio processo de desenvolvimento social, assim como questionar-se a respeito da validade de suas próprias conclusões.

O intuito dessas observações finais é lembrar que a realidade social, enquanto objeto de interpretação, coloca questões novas que acabam por extravasar os instrumentos que a ciência elaborou para respondê-las. Teóricos do porte de Marx, Durkheim e Weber estão entre aqueles que iniciaram a construção de explicações de amplo alcance para um objeto que a cada momento apresenta evoluções surpreendentes. A tendência recente parece ser a de integrar criativamente, antes que a de opor, o pensamento dos três clássicos. O que a Sociologia contemporânea tem de mais avançado evidencia isto. Não se trata de apagar as diferenças, mas de aproveitar mais sistematicamente o trabalho daqueles autores, que lançaram bases diferenciadas mas consistentes para explicar o mundo social.

CRONOLOGIA DOS PRINCIPAIS FATOS RELACIONADOS A MARX, DURKHEIM E WEBER

1817 - Henri Saint-Simon publica *Indústria*

1818 - Nasce Karl Marx em Trèves, antiga Prússia Renana

1819 - Saint-Simon publica *O organizador*

1821 - Saint-Simon publica *O sistema industrial*

1825 - Morre Saint-Simon

1830 - Divulga-se a frase atribuída a Saint-Simon "De cada um segundo sua capacidade, a cada um segundo suas necessidades"

1830-1842 - Auguste Comte publica *Curso de filosofia positiva* em seis volumes

1831 - Morre Hegel

1835 - Marx estuda Direito em Bonn

1836 - Marx estuda Direito, Filosofia e História em Berlim e participa de um clube de estudantes da Universidade de Berlim – os Jovens Hegelianos – que critica a cristandade

1840 - Feuerbach publica *A essência do cristianismo* e Proudhon *Que é a propriedade?*

1841 - Marx defende sua tese de doutorado sobre a filosofia de Epicuro e passa a trabalhar na *Rheinische Zeitung*, em Colonia

1843 - Marx se estabelece em Paris e publica a *Crítica à filosofia do Direito de Hegel* e *Questão judaica*

1844 - Marx redige os *Manuscritos ecomômico-filosóficos*, publicados na Europa somente em 1932. Marx conhece Engels e juntos escrevem *A sagrada família*

1845 - Marx é expulso da França e vai para a Bélgica

1846 - Marx e Engels redigem a *Ideologia alemã*

1847 - Marx escreve *Miséria da filosofia* e o *Manifesto do Partido Comunista* a pedido da Liga Comunista de Londres, juntamente com Engels

1848 - As classes populares instituem, em Paris, a "república social". Marx é expulso de Bruxelas e volta a Paris, e dali à Prússia

1849 - Marx é extraditado, dirige-se a Paris, de onde é expulso, e instala-se na Inglaterra onde publica *Trabalho assalariado e capital,* conferências pronunciadas, em 1847, na Associação Operária Alemã, em Bruxelas

1850 - Marx publica *A luta de classes na França de 1848 a 1850*

1851-1854 - Comte publica o *Sistema de uma sociedade positiva - tratado de Sociologia instituindo uma religião da humanidade*

1851-1862 - Marx colabora com a *New York Tribune*

1852 - Marx publica *O dezoito brumário de Luis Bonaparte*. Dissolve-se a Liga dos Comunistas. Comte publica *O catecismo positivista - exposição sumária da religião universal*

1857 - Marx publica *Fundamentos da crítica da economia política*. Morre Comte

1858 - Nasce David Émile Durkheim, em Épinal, região de Lorena, França

1859 - Marx publica *Contribuição para a crítica da economia política*. Darwin publica *A origem das espécies*

1863 - É criada a Associação Internacional dos Trabalhadores. Marx dirige-a, redige seu manifesto inaugural e seus estatutos

1864 - Nasce Max Weber em Erfurt, Alemanha

1865 - Marx escreve *Salário, preço e lucro*

1867 - Marx publica o primeiro volume de *O capital*

1870 - O valor da produção alemã supera o da França. A França declara guerra à Prússia. O proletariado parisiense estabelece a Comuna de Paris

1871 - Unificação da Alemanha, vitória de Bismarck sobre a França, Marx publica *A guerra civil na França*. Cai o Segundo Império francês. Derrota da Comuna de Paris

1872 - Funda-se na Alemanha a Associação para uma Política Social (Verein für Sozialpolitik) da qual Weber virá a participar

1875 - Marx publica *Crítica ao Programa de Gotha*.

1877 - Weber escreve o ensaio *Do curso da história alemã*, com especial referência às posições do Kaiser e do Papa

1879-1882 - Durkheim cursa a École Normale Supérieur

1882 - Weber estuda Direito, Economia, Administração, Filosofia e Teologia nas Universidades de Heidelberg e de Berlim

1883 - Morre Marx

1885 - Engels publica o segundo volume de *O capital*, de Marx

1887 - Weber entra para a Verein

1887-1902 - Durkheim leciona Pedagogia e Ciência Social em Bordeaux e publica artigos na *Revue Philosophique*

1889 - Weber apresenta sua tese de doutorado baseada na história das empresas comerciais na Idade Média

1889 - Durkheim publica *Elementos de Sociologia*

1890-1892 - Weber realiza uma pesquisa sobre a situação dos camponeses na Prússia Oriental, publicada em 1894: As tendências na evolução da situação dos trabalhadores rurais na Alemanha Oriental

1891 - Weber publica *História das instituições agrárias*

1893 - Durkheim publica *A divisão do trabalho social*

1894 - Engels publica o terceiro volume de *O capital*, de Marx

1894 - A tese *A história agrária romana e seu significado para o Direito público e privado* garante a Weber sua aprovação para lecionar Economia política na Universidade de Freiburg

1895 - Weber escreve *As causas sociais da decadência da civilização antiga*. Durkheim publica *As regras do método sociológico*

1896 - Weber leciona na Universidade de Heidelberg

1896 - Durkheim publica *A proibição do incesto e suas origens* e edita a revista *L'Année Sociologique*

1897 - Durkheim publica *O suicídio*

1898 - Durkheim publica *Curso de ciência social* e *O individualismo e os intelectuais*, no qual se posiciona em relação ao "caso Dreyfuss" que mobiliza a França

1900 - Durkheim escreve *A Sociologia na França no século XIX*

1900-1912 - Durkheim leciona na Sorbonne

1901-1902 - Durkheim e Mauss publicam *Algumas formas primitivas de classificação*

1903 - Weber funda com Werner Sombart a revista *Archiv für Sozialwissenschaft und Sozialpolitik*

1904 - Weber viaja aos Estados Unidos e publica a primeira parte de *A ética protestante e o espírito do capitalismo* e o ensaio A objetividade do conhecimento nas Ciências Sociais

1905 - Weber interessa-se pela sociedade russa e publica dois trabalhos a respeito, além da segunda parte de *A ética protestante e o espírito do capitalismo*

1905 - Publica-se a *História da teoria da mais-valia*, de Marx

1906 - Weber viaja aos Estados Unidos, escreve *As seitas protestantes e o espírito do capitalismo*. Durkheim publica *A determinação do fato moral*

1908 - Weber escreve dois artigos sobre psicossociologia industrial e *As seitas protestantes*. Ajuda a organizar a Associação Alemã de Sociologia

1909 - Weber publica *As relações de produção na agricultura do mundo antigo*

1910 - A cátedra de Durkheim na Sorbonne assume a denominação de Sociologia

1910-1914 - Weber redige *Economia e sociedade*

1912 - Durkheim publica *As formas elementares da vida religiosa*

1913 - Weber redige o *Ensaio acerca de algumas categorias da Sociologia compreensiva*

1914 - Weber escreve *A ética econômica das religiões universais.* Inicia-se a Primeira Guerra Mundial. Weber é administrador de nove hospitais alemães

1915 - Durkheim publica dois artigos referentes à guerra de 1914

1917 - Morre Durkheim

1918 - Weber faz duas conferências sobre as distintas vocações que resultam em dois artigos: *A política como vocação* e *A ciência como* vocação, publica o *Ensaio sobre o sentido da neutralidade axiológica nas ciências sociológicas e econômicas* e ministra o curso Uma Crítica Positiva da Concepção Materialista da História

1919 - Weber ministra um curso na Universidade de Munique, publicado em 1923 como *História econômica geral*

1920 - Morre Weber

1922 - Publica-se *Economia e sociedade*, de Weber

1922 - Publicam-se *Educação e Sociologia* e *Sociologia e filosofia*, de Durkheim

1925 - Publica-se *A educação moral*, de Durkheim

1928 - Publica-se *O socialismo - a definição, seu começo, a doutrina saint-simoniana*, de Durkheim

1950 - Publica-se *Lições de Sociologia*, de Durkheim

1955 - Publica-se *Pragmatismo e Sociologia*, de Durkheim

1970 - Publica-se *A ciência social e a ação*, coletânea de artigos escritos por Durkheim em diferentes períodos

Para obter mais
informações sobre
outros títulos da
EDITORA UFMG,
visite o site

www.editora.ufmg.br

A presente edição foi composta pela Editora
UFMG e impressa pela Prol Editora Gráfica Ltda.,
em sistema offset, papel offset 90g (miolo) e
cartão supremo 300g (capa), em maio de 2011.